整合社會福利政策與
社會工作實務

Integrating Social Welfare Poliey
& Social Work Practice

Kathleen McInnis-Dittrich／原著

曾華源、胡慧嫈／校閱

胡慧嫈／等譯

Integrating
Social Welfare Policy &
Social Work Practice

Kathleen McInnis-Dittrich

Copyright © 1994 by **BROOKS/ COLE**

A Division of International Thomson Publishing Inc.

Chinese edition copyright © 1997
by Yang-Chih Book Co., Ltd
Printed in Taipei, Taiwan, R.O.C.

ISBN:957-8446-42-X

主編序

　　在台灣社會工作專業的存在已有三十多年歷史，然而，近幾年來台灣社會快速發展與社會問題不斷增多下，社會工作才受到重視與需要。目前可說是台灣社會工作專業發展真正的契機。

　　一個專業要能夠培養真正可以勝任工作的專業人才，專業的地位與權威，才會受社會所認可(sanction)。因此，學校的教育人才、教學方法與教材，對社會工作在專業的發展上都具有關鍵性影響。我們在學校任教，對教學教材與參考書不足深感困擾。環顧國內社會工作界，社會工作各專業科目的專業書籍實在不多。因此，在一個偶然相聚的機會中，揚智文化葉總經理願意出版社工叢書，以配合當前社會及專業的需要。

　　從去年開始，在出版社的協助下，我們選購了國外一系列評價較高的社會工作書籍，由社工領域中學有專長且具實務經驗的社工菁英來翻譯，另由我們邀請國內各大學中教授社會工作專業科目之教師撰寫書籍。湊巧的，今年正逢社會工作師法的通過，我們希望規劃出版之各專書，有助於實務工作者證照

考試，以及學校課程的教授與學習。最重要的，也期望藉著這些書籍的撰寫與翻譯，使專業教育不再受限於教材之不足，並能強化社會工作專業人員的能力，使我國本土的社會工作與社會福利服務實務能有最佳的發展。

最後我們要感謝許多社會工作界的同道，願意花時間和我們一起進行此一繁重的工作，並提供意見給我們，希望此一社工叢書能讓大家滿意。

曾華源、郭靜晃 謹識

校閱序

　　我還沒有到學校擔任教職以前，曾在實務界工作七年的時間，在這段時間裡，經常會聽到同仁抱怨行政工作干擾他的專業服務效能，似乎使他有志難伸。到學校擔任教職之後，這樣的聲音並沒有減少，而且，也聽到許多機構行政主管抱怨學校教育出來的學生在機構任職時，動不動就拿「專業」二字來批評他們，尤其是行政人員與政策的制訂者並非擁有社工教育背景者，或欠缺臨床實務工作經驗時，內心對此種態度更會有反感。這種說法好像行政與政策，和臨床專業服務工作是分割開來的，也是使臨床實務工作服務績效大打折扣的元凶，使社會工作的專業性無法顯現。

　　行政工作與政策是機構專業服務整合與輸送上所不可或缺的要素。因此，這種情況的發生是可能因雙方對對方工作內容瞭解不夠所致。所以，在學校期間即利用授課機會向學生說明整合專業知識的重要性。最近在 ITP 叢書中發現此一整合機構行政與政策和臨床工作的專業書籍，請揚智文化公司申購閱讀之後，頗覺對於國內社會工作專業從業人員將有所幫助。

該書的優點即在於將政策與實際執行面的社會福利服務二者之間的關連性，做了清楚的剖析，並利用例子來說明之間所造成的影響有哪些，對於社會福利機構和社會工作師在工作上的掙扎是什麼，做了清楚的交代。特別在本書中，以主要工作場所和次要工作場所做區別，闡述了社會工作專業可能扮演的專業角色、職責，以及與其他專業共同協助案主時需要面臨的挑戰。如此一來，也解答了許多實務工作者在工作場所中，自認為不受其他專業重視（尊重）的問題。另外每一章後面的建議作業，對在學的社會工作系學生都是一個清楚可操作的學習指南，並沒有太大的困難度。對學校的課程而言，也是一種很好的科目作業，很值得讀者去試一試。

　　為能以較快的速度將本書呈現出來，乃請本系碩博班研究生或畢業生分章翻譯，第一章由胡慧嫈，第二章由徐孟愔，第三章由陳婷蕙，第四章由廖秋芬，第五章由林昭宏，第六章由梁慧雯，第七章由施怡廷，第八章由黃俐婷，第九章由蔡惠芳翻譯。各章交稿後，再由我逐章校閱其譯文之正確性，並請胡慧嫈校閱內文通順與否。雖然我今年幾乎整個暑假期間都在校閱這本書，也找了胡慧嫈協助，但是要分心辦理行政工作而感到未能全心投入此一翻譯工作，恐怕還有疏漏之處。希望讀者不吝指正，以便日後有機會再版時修正。

曾華源　謹識
東海大學社會工作系

原　序

　　在一九九〇年代，社會工作這個專業再度受到社會的喜好與重視。這個情形可從大學主修社會工作人數的擴增，以及要進入研究所課程方案的競爭者不斷增加明顯地看出來。如果這種社會愛好的轉換是由於在集體意識上過於對飢餓、貧窮和歧視敏感的結果將會很理想。天啊，但這並非真是興趣轉換的原因，而且我們也知道這個事實。讓這個專業復甦的最大可能原因，是對個人在臨床實務收入的莫大興趣。這樣的興趣暗示了專業轉移社會變遷和社會正義的議題至諮商和治療的焦點上，也暗示那些在政治上被忽視的，就是社會工作長期尋求協助的人。

　　就像其他的教學者一樣，我看到學生研讀社會福利政策，僅是因爲容忍社會工作審計通過的方案之必修課程。很少有學生表示因爲興趣或是認爲政策是我們專業構成要素的一部份而讀它。社會福利政策和社會工作實務並不是兩個不同的實體。當社會福利政策是由幾乎沒什麼實務經驗的人來教時，即使是最聰明的學生都可能難以理解，如何順理成章地處理政策可以

叫做社會工作。這些學生將同意把對社會福利的關心,拱手讓給政客、研究者和其他制定政策的人。

　　幾年過後,同樣的這批學生會悲歎在組織中的事業危機。「它是如此政治化」和「如果我不是在如此混亂的官僚體系中,我會過得很好」都是熟悉的抱怨。過去這些學生會開始費心地去瞭解錯綜複雜的政治體系,以及花時間改變它。如果能夠改變環境的話,我們往往在協助案主上只注意到他們返回難以維持處遇成果的環境。這本書是寫給每一個希望從事直接服務工作,卻質疑社會福利與他(她)的終身事業有關係的學生。同時,它也是寫給每一位致力於提供一個社會福利政策和社會工作實務整合模式的教學者。

　　不同於其他社會福利政策的教科書,這本書將以社會工作實務者的觀點來檢視社會福利政策,而非政治科學或經濟學者的觀點。實務者的視野超越描述構成這個國家社會福利體系的政策和方案,而是一個包含在直接服務專業實務中影響社會服務機構的政治性環境更廣的觀點。

　　這本書打算做為社會福利課程、進階實務課程,和併行式實務實習專題研討之教材或主要參考書。如果社會福利政策是由有很多實務經驗的教師來教授,本書將是課程的適當教材,若是由沒有經驗的人來教社會福利政策,則一個實務的課程將是幫助學生做政策和實務連結的最好仲裁者。對一些課程方案而言,當學生正為了政策和實務的真相奮鬥時,實務課程是使用這本書最好的場所。

本書的設計

　　第一章提出在檢視社會服務機構和社會福利政策如何範定

直接實務脈絡環境時，許多直接服務取向的學生對政策的抗拒。對於幫助需要協助的人，以及社會工作實務的政治性本質的矛盾情結，是每一位社會工作者所面臨的挑戰。

第二章和第三章將討論社會服務機構的內在和外在環境，並分別以一個虛構的心理衛生中心做例子。當直接服務實務者的工作受到直接影響時，則建立組織目標的困難、社會工作技術過於彈性的特質，以及對資源持續的爭奪戰就會被拿出來討論。第四章將學生的視野從個別的社會服務機構，延伸到眾所皆知構成社會福利政策和方案的大雜燴式方案和服務。

第五章檢視政策發展的三個主要方法：合法程序、媒體和司法體系。第六章則提出一個社區的例子，深入說明它是如何努力地發展一個政策來滿足未成年的親子關係。這個例子闡述一種直接服務學生所熟知的工具，即問題解決模式的應用。第七章的重點是方案評估和政策研究。這一章是對ANALYSIS模式的介紹。對社會工作實務者而言，這是一種評估方案和政策特別有幫助的架構。我們用ANALYSIS方便學生記憶評估方案的操作方法。ANALYSIS模式包含在社會正義範疇的政策和方案評估，而社會正義也一直是我們專業中最重要的價值觀。

一旦學生學會界定機構和社會福利政策的角色，以及評估政策的優缺點，他們便能夠討論可以改變政策的兩種方式。這也將是第八章和第九章的重點。

學習指南

每一章內容均對每一個概念或意見舉一些直接服務實務的例子。在討論機構和社會福利政策關係時，也舉了直接服務的一些例子，使學生更能開始去思考社會福利政策和社會工作實

務的整合。每一章的內容均有重要辭彙和概念的清單、討論的問題，以及建議的作業，來幫助學生對現有的經驗，不論是志願工作或他們的實習安置，有新的想法。

致　謝

我想要感謝那些幫我校閱這本書初稿的人，他們是奧克拉荷馬大學的Lynn Atkinson，在阿靈頓德州大學的Norman H. Cobb，揚百翰大學的Kevin Marett，在威斯寇司威斯康辛大學的Lois M. Miranda，以及斯奇德摩學院的Margaret Tacardon，他們真誠的評論和建議幫助了我，使我能持續地將主題適度地限定在明確的範圍，同時又能將主題擴大到可運用的範圍。

我深深地感謝Peggy Admas，她給了我最需要的鼓勵，使我將構想變成一本書。在繁雜的出版過程中，布魯克斯寇爾公司的Claire Verduin、Gay Bond 和Laurd Jackson提供了非常多的協助和支持。但最讓我感動的是他們的幹勁兒、熱忱和幽默感，這也是我認為人人都應具備的三個最佳優點。最後，感謝那些在我學生時代以及擔任直接服務實務工作者期間，一起相處過的案主，不論過去和未來，他們都是我最好的老師。第八章「影響公共政策改變中的實務工作者角色」是一九九二年我在馬爾逵特大學社會工作研究所任教時所寫的。這一群令人驚喜的研究生，每一天都提醒我想到Margaret Mead所說的：「有想法和決心的市民人數雖少，但也不要懷疑他們能改變世界。」我深信他們一定能做到。

Kathleen McInnis-Dittrich

於馬爾逵特大學

目　錄

第一章
社會工作實務者
和社會福利政策

二十年前我進入社會工作是因為我想在這一生中幫助別人。我那些肢體有障礙的案主很喜歡我為他們所做的一切。當我看到他們開始相信自己的那一剎那，深深的打動我的心。但是當我看到他們在復健機構和官僚體制奮鬥的時候，我也覺得被潑了冷水。文書、表格和更多的表格！每個人都想要手寫的報告，我希望機構關心案主夠像關心表格一樣多。案主要一直等到符合科層體制所要求的各種東西之後，才會得到幫助。中心不會去接觸案主，直到他們確定會拿到為案主服務所支付的錢。會計人員在經營管理這個機構，而不是服務的提供者。

　　　　　　　　——復健機構中服務二十年的退休社會工作者

　　威爾森家庭是相當正常的家庭，但是遇到了困難。我可以找到住幾天的房子和小孩的緊急醫療照護，但是我似乎無法在計劃結束時對他的失業做些什麼，或是遊說政府建造更多低收入戶住宅。而案主如何能搞清楚每一件事？這個方案的申請是在州政府，另一個方案卻是在社會安全行政部門。一個公共機構處理營養食物補貼付款工作，而私立機構處理家庭諮商的工作。有時候我信任低收入家庭以現金協助，其他時候他們被迫使用代金券。我對管理案主感到不確定，如果是由我來決定，我將丟開整個制度重新來過。

　　　　　　　　——游民保護機構剛畢業的社工學士

　　我喜歡協助少年，至少我覺得我能夠做一些事。真正能使他們的生活有一些改變。也許如果我們能夠幫助他們

夠快的話，他們就不會過像他們父母一樣的日子。當孩子改變生活方式時，我的感覺很好。但是有時候，作為一個社會工作者，我發現工作不好做。我能夠讓這些少年去想他們的未來，但是無法讓工作像奇蹟般的出現，或是使學校裡沒有暴力，或是使幫派消失在鄰里社區之中。如果社會不要小孩有反抗的機會，有一些大事必須要改變。

—— 一個社區中心的資深社會工作實務學生

對我們協助案主工作的人來說，常聽見上述這些社會工作師挫折感受的聲音。協助人們的滿足感，看著他們克服貧窮、歧視和個人失去鬥志的障礙，讓很多人投入社會工作專業。很不幸的，社會服務科層體制彼此糾結一起的網絡，和人們用懲罰的價值觀審判那些需要幫助的人，使許多社會工作者遲疑不前，懷疑他們的生涯抉擇。看到外表亮麗年輕的單親媽媽，因為沒有日間照顧服務而被迫休學，或老年人因為沒有找到家庭健康照顧(family health care)服務，只好安置他的配偶到養護之家(nursing home)等情形，使我們在專業上的努力受到很大打擊。我們天真理想的助人主義，將會使我們以卵擊石的去對抗法律體系和社會福利政策(social welfare policy) 與方案(programs) 之服務。

但是只是盲目的接受體制，就是背叛我們專業的基石。時常遇見社會工作者由於害怕和忽視，而不會去挑戰其所工作的機構、地方政府、州政府和聯邦政府的政策。在「我只想助人」的偽裝下，實務工作者脫離對政策的考量，而轉到對機構的行政者身上，希望他們會變得比較有人性；以及轉到對政治人物的身上，希望他們能奇蹟似的不再忽視他們對選民的誓言。如

果沒有這些身在第一線的社會工作師投入工作，也就不會有這些事的發生。

　　本書想協助社會工作實務者(social work practitioner)瞭解社會福利機構政策對服務消費者和服務提供者之衝擊。在社會福利政策範圍內，能勝任工作是比知道有哪些方案能滿足案主什麼需求還重要。這要你在評鑑過程中把你的視野擴展到包括指出由機構或社會福利政策所導致的問題。本書探討實務上社會工作環境脈絡，以及更大的外在社會環境脈絡。直接服務(direct services) 和社會福利政策不像是在專業教育上可以彼此分開和區分清楚的領域。

直接服務和社會福利政策：人為做作的區分

　　如果你像多數學生一樣認為在專業教育中實務經驗和政策結果是分開的、沒有關聯的，你可能內心急切的想學會直接服務的技巧，但是沒有同樣熱切的心去瞭解政策的重要性。

　　社會工作教育造成這種分野。可能是由於個案工作、團體工作、社區組織、行政和社會福利政策等課程分別開授所產生的。在你所接受的教育中，試圖整合這些課程的效果是有限的。在研究所的方案中，不論直接服務（亦稱臨床或處置專長）或巨視層次之實務，如行政、中階管理或社會福利政策，通常會給你學習專長的機會。把課程做這樣的區分，會給你一個印象，這些專業領域彼此之間是區分得很清楚的。

　　臨床或直接服務通常由有臨床經驗的教師來教授，他們可能自己開業。另一方面學校教師教授巨視面實務工作是帶著對

社會工作的興趣，但是也對經濟和政治科學有興趣。結果你有一種印象，真正的社會工作包括直接服務，而社會福利行政之研究是屬於行政者、社區組織者和研究者的工作。你可能帶著錯誤的想法進入實務工作中，認為這兩個專業的面向只是表面彼此相關而已，其實是無關的。這樣的分野是過於刻板且不自然的。有效的直接服務需要豐富的社會福利政策與方案之知識，訂定有效的社會福利政策需要非常瞭解直接服務。專業社會工作實務即是整合社會福利政策和社會工作實務。

社會服務機構為社會工作的脈絡環境

在第一章開頭的引述中，社會工作師說：

> 當我看到他們在復健機構和官僚體制奮鬥的時候，我也覺得被潑了冷水。文書、表格和更多的表格！每個人都想要手寫的報告，我希望機構關心案主夠像關心表格一樣多。案主要一直等到符合科層體制所要求的各種東西之後，才會得到幫助。中心不會去接觸案主，直到他們確定會拿到為案主服務所支付的錢。會計人員在經營管理這個機構，而不是服務的提供者。

如果你在實習時有相同的感覺，當你想更接近案主協助他們，卻被記錄和評估工作困住而無法發揮。社會工作師是否會認為他是獨立工作人員，擁有重要決定權，依照案主的需要決定什麼對他是最好的？在現實環境中，事實不是這樣的。

自主性實務工作的迷思

除了少數自己開業服務的獨立工作者之外，大多數的社會工作師是在社會服務機構中工作。獨立工作的專業人員沒有受到行政體系考驗的影響，故 Jansson (1990) 稱爲自主性實務工作的迷思學(mythology)。自主性實務工作意味著對於他協助案主的工作性質能夠完全掌握。實務工作者可能有錯誤的想法，認爲透過指認問題和可能行動方案後，他和案主幾乎就可以自由選擇要採取什麼行動。

社會工作實務是沒有自主性的，工作者沒什麼自由決定何種干預將可以用在案主身上。社會服務機構有自己的一套運作程序來進行每天的工作，以保持機構的責信(account-ability)，和執行社會福利政策（來自機構外）下所提供的架構。此一操作程序即爲機構政策。前述提到的復健機構例子中，麻煩的報告和限制嚴格的必要條件所產生的挫折，就是機構政策影響的例子。服務中心是受到機構哲學和服務由誰付費二方面所限制或增強能力。

(一)機構哲學

機構哲學提供服務處所對社會工作實務性質的限制。例如許多復健中心提供的服務對象，是針對被認定有可能復原到某種獨立功能層次的人，如果一個老年人中風後，完全喪失活動能力，或一個年輕人變成四肢麻痺，復健中心可能認爲他們是不合適的案主。機構可能設定自己爲復健性質的，而非持續照顧復健潛能有限的個人。機構哲學可能與社會工作師個人哲學相符或不符，想對所有請求協助的人提供服務是合邏輯和有情感反應的，然而，機構的有限性可能不會允許我們這麼做。機

構政策會有效的限制我們的專業自主性。

（二）服務由誰付費

　　服務由誰來付費，也許是社會工作實務上缺乏專業自主性最常見的例子。例如復健社會工作師抱怨每位案主都無止境的有一堆報告要寫。這些報告有很多可能是保險公司或復健照顧方案所需要的，以便用來支付病人治療費用給復健中心。由誰提供服務，提供時間多久，以及在何處提供服務，已經明確規定清楚給自費保險病人和領取醫療補助與醫療照顧病人。如果社會工作師未能遵守保險公司規定，復健中心將拿不到錢，而案主也得不到服務。會出現那些讓人感到被干擾和阻礙服務提供的，就是那些能使服務放在最優先的事情。因此，你必須知道服務的費用如何支付，以及運用何種處置技巧，其中有何限制。

　　社會服務機構存在的前提是提供人們所需要的服務。這些目標將使一個人相信機構會是有效率和有感情的。然而，機構的運作就像所有官僚體系一樣，組織目標會被取代成為機構競爭有限資源以求生存的氣候。機構的生存變得比組織提供服務的原始目標還重要。社會工作實務人員陞遷至行政位置時，可能把專業關係拋諸腦後，而突然轉變成為惹人厭的行政官僚。

　　在整合社會福利政策和社會工作實務上，社會服務機構是一個關鍵性角色。因為在機構中的機構目標、技術、權威和權力，以及決策動力，和政策如何轉變為服務案主的方案有直接密切的關係。

　　做為一個社會工作實務人員，你必須學習不只在偶爾會帶來挫折的社會環境中生存，而且也要運用你對組織如何運作的知識，才能使環境對社會工作師和案主更人性化。第二章和第

三章探討社會服務機構內在環境，能認識組織如何運作，以維持生命，可以協助你避免陷入目標變換的處境中，組織存續的挑戰變成比協助案主還要重要。知道機構期許什麼，和評估影響機構每日活動之外在壓力，可以使你更瞭解組織之存續，讓你能提供更有效的服務給案主。

社會服務修補系統為實務工作的脈絡環境

本章第二個引述指出社會工作實務脈絡環境中的第二個要素，即是一個社會與財物服務複雜且相異之體系。協助無房舍家庭的社會工作學士說：

> ……案主如何能搞清楚每一件事？這個方案的申請是在州政府，另一個方案卻是在社會安全行政。一個公共機構處理營養食物補貼付款工作，而私立機構處理家庭諮商的工作。有時候我信任低收入家庭以現金協助，其他時候他們被迫使用代金券。我對管理案主感到不確定，如果是由我來決定，我將丟開整個制度重新來過。

你可能也會感到好奇我們是如何以現金和實物補貼、普遍性或資產調查的方案，以及公立與私立機構來結束這樣離破碎和協調差的體系。所以社會福利批評家建議廢掉整個方案，重新來過。但是當我們檢查提供給有需要人們的各種不同協助方式，我們看到美國所組成的社會福利體系反映其基本價值可能符合或不符合我們社會工作師之價值。

制度化的社會福利服務

　　美國的社會福利體系在許多方面和歐洲國家不同。大部分工業國家採用一種社會福利制度化模式。所謂制度化是指一個體系的福利系統在人們生活上有最重要的功能，而且是特別設計用來協助人們獲得生活標準的滿足。這樣的體系是全心全力協助個人達到他能力充分的發展(Wilensky & Lebeaux ,1965：138)，並不是像在美國接受福利的人帶著烙印(stigma)，社會福利服務在制度化體系中被視為現代社會的合法性功能。服務的提供是基於滿足市民在社會、醫療和情緒需求之任務，是政府適當角色功能的哲學觀。

　　在美國，大眾教育、火災防護和警察保護是制度化服務的例子。大眾教育被視為很重要的整體基礎，足以免費提供給國內所有兒童，而不論父母之收入。教育被看成是個人和國家基本福利所必需。火災防護和警察保護是為了給社區基本的幸福生活而提供的。我們從沒有想過保護低收入的家庭，因為他們付不出服務費用。警察在回答搶劫報案電話之前，沒有要求先付費。教育和保護個人免於火災與身體之危險對我們是很重要的。服務是經由各級政府來提供和控制規劃。政府以制度化福利服務對國民幸福生活的承諾是遠超過教育、火災防護和警察保護工作。這些包括協助個人因應工業化生活壓力和問題之任何服務。

　　例如瑞典政府提供全體國民日間照顧、健康照顧、高等教育、退休給付，不論他們收入多寡，如**表 1-1** 之說明。低收入和高收入家庭的小孩都安置在同樣的日間照顧中心，比起我們

表 1-1　美國與瑞典社會福利體系之比較

給 付	美 國	瑞 典
老年、殘障和急難救助	名為社會安全，雇主和員工存放年金基金，受益者包括員工和其受扶養者。	政府和雇主支付全部費用，受益者包括員工和其受扶養者。
疾病和生育給付	低收入家庭醫療補助涵蓋所有一切費用，老人和殘障者醫療照顧費用支付部份，其餘的人要自己支付醫療保險費，政府不支付生育給付。	員工生病或父母要照顧生病的兒童，其費用由雇主和政府以現金給付。最低醫療服務費。最少成本的醫療照顧。懷孕和生育被視為短其無能，比照殘障方式照顧。
與工作有關的受傷	員工賠償涵蓋一部份醫療費和少量的短期現金給付。員工負責其他一切開銷。費用由政府和雇主支付。	與工作受傷有關的一切醫療費用全免。暫時性或永久性殘障的期間全部給付。費用由政府和雇主支付。
失業給付	有時間限制，最高二十六週。各州支付水準不同。財政來自雇主稅收和政府基金，不需資產調查。	補助每天費用，最高為每年三百天。要參加工會作為會員。資產調查視情況而定。
家庭津貼	無家庭津貼。聯邦所得稅體系允許每位兒童扣減。	政府不管父母收入和財產，給付每位十六歲以下兒童學生延長可到二十歲。

對進入公立大學就讀的看法，比較沒有將烙印貼在使用公立日間照顧者身上。瑞典政府和市民希望人們能不費力的找到有品質的日間照顧機構，所以日間照顧是在公立基礎上來提供，這使得日間照顧更有成本效率和更易於規劃和控制。

　　制度化服務被認為是個人幸福生活之投資，部分是為了增強健康與擁有生產力的市民所做之努力。這些服務制度是透過

高稅率來設立的。瑞典國民是付出他們扣除社會和公眾事務支出費用後的 60-70%之收入。

社會福利殘補式服務

美國採用殘補式的社會福利服務。是只有當家庭和市場的正常結構破裂時，才設立或使用殘補式的福利服務。美國經濟和社會福利體系的基本假設是，期望家庭和市場在他人或政府給予協助之前就能滿足個人需求。殘補模式期望社會福利制度只有在人們無法使用家庭或市場資源時才有表現。

例如，如果家庭發現自己因爲財物有困難而沒有房舍可供棲身時，社會期望他們能先儘可能從家庭得到協助。幫助尋找房舍和找工作不被視爲政府的第一線功能。只有在這些協助無效時，才會透過公私立機構提供服務。

殘補式方案是反應性質的。反應性方案(reactive program)只有在超過私人部門滿足社會服務需要的能力時才出現。在美國，當問題的發展超出事先預期需要的服務時，政府才會有所反應。爲個人或家庭所設立的游民庇護所(shelters)網絡是在國家經歷了幾次主要經濟衰退之後，一九六零年代盛行去機構化(deinstitutionalization)的努力，以及有記錄可查的失業水準等，才得以發展出來的。有了這些方案之後，我們對問題才有好的反應。

殘補式體系是試圖對接受政府（即贊助者）服務的人，進行合法的社會控制。例如，失依兒童家庭補助津貼 (Aid to Families with Dependent Child，簡稱 AFDC) 是設計來協助單親父母提供給他們孩子經濟生活上的幸福。此一協助是提供給符合這一類型要求條件的人，但那些補助津貼是有交換條件

的，接受福利者被要求要去找工作。有些州會處罰有較多孩子的家庭，在公共救助上，家庭的第三個孩子出生以後，只增加少量的福利金。有些州把福利金水準訂得很低，使貧困家庭會認為比較好的經濟決策是從事低工資的工作，而非依靠少量的公共救助津貼來生存。

調和價值差異

社會工作師相信每一個人應被尊重和有尊嚴的被對待，並且能在決定何者才是解決問題最好方法時，給予積極參與的權利。社會工作師也支持這種想法，即社會成員應該認識他們相互的義務，在遇到問題時彼此相互協助。然而，社會價值並不與這種想法相吻合。我們社會福利的殘補型式只在最不得已的情況下提供協助。當其他社會機制，如家庭和就業方面的努力失敗，人的需要才成為接受協助的條件。在本質上，殘補式協助是說「我們會協助你，但是要照我們的方式去做」。社會價值和專業社會工作之衝突是瞭解社會福利政策和社會工作實務彼此相衝突的關鍵。如果這二者的關係是如此重要，社會工作專業又怎麼會時常分辨不出許多直接服務之挫折是政策缺失所造成的呢？

第四章將檢視構成美國社會福利體系的各系列方案。此一體系反映了美國社會價值轉換成的一系列方案和政策。這些彼此不連貫的方案之所以會存在，是因為方案各自被發展出來了，而非密切連結的一組方案和政策，但是反映了社會上明顯表現出來的需求。從直接立法過程到複雜的法庭體系之政策制定功能，瞭解目前的體系也可協助你去指認政策是如何發展出來的。

評估政策和改變政策

　　本書的目的不在鼓勵你只是接受政策與實務整合上的複雜性，以及學習忍受挫折。本章第三個引述者說：「我能夠讓這些少年去想他們的未來，但是無法讓工作像奇蹟般的出現，或是使學校裡沒有暴力，或是使幫派消失在鄰里社區之中。如果社會不要小孩有反抗的機會，有一些大事必須要改變。」有時是要改變目前現有的社會福利政策。做為帶來改變的積極角色上，社會工作專業有淵源流長的歷史和令人尊敬的傳統。

社會工作為一政治性專業

　　社會工作師時常抗拒任何事情有政治性在內。政治已經變成和操縱與欺騙人民連接在一起的詞彙，而非政府在維護人民最佳利益的詞彙。在最近的二十年來，政府常被視為專業的敵人，而非我們所希望的是親密的盟友。然而，政府最起碼是建立、規劃、計劃和執行大部份我們賴以服務案主的主要服務方案。如果我們以喜愛的眼光來看政治這一個詞彙，視其為一個用來改進現有體制之機制，那麼社會工作的本質就是一個政治性專業。這種看法將運用在往後的討論之中。政治是指在資源的分配和安排上，尋求和運用權力；而這可能是需要妥協、磋商和偶爾衝突的。政治活動意含維持或改變目前的資源分配和安排。

(一)社會工作者在資源分配中的政治角色

　　從歷史上來看，人們依賴家庭和朋友來協助他們及時的

需要。然而，當家庭或朋友無法或不願提供協助時，人們到社會福利機構尋求協助。當服務不夠用時，社會工作者會倡導更多服務。換言之，社會工作師在做改變資源分配和安排的工作。任何一位社會工作師都會企圖去除對案主的官樣文章，或給與案主如何從事政治性活動之建言。

(二)改變或接受現狀：一個政治性決定

社會工作常常被當成是一個尋求社會變遷的專業，一個改善我們協助的人的一種方法。但是做為一位社會工作師，我們一直在「以維持現狀的方式來判斷、評鑑和干預」(Adams, 1982：55）。有多少次我們會真正互相鼓勵去改變我們所碰到的不公平？有多少次我們會只是幫助人們適應現狀而做些什麼？在 Halleck (1971)所寫的《治療的政治》(*The Politics of Therapy*)一書中，主張作為治療者所要做的主要工作，是以最少的努力去鼓勵改變個人外在環境，來協助人們適應事務之方式。Halleck 和其他人，如 Galper (1975) 同意社會工作與其他助人專業相同，是非常保守的專業，而非自由的、改變取向之專業。

如果我們不是參與改變或鼓勵案主改變，我們是冒著如 Ryan (1976) 所說的 「責怪受害者」（blame the victim）的危險。責怪受害者是指把社會問題之所以持續和發展的錯誤歸諸於個人因素，而他們是環境的受害者，而不是個人生活的行動主宰者。

例如，美國未成年少年懷孕率是全世界文明國家中最高的 (Jones, 1986)，我們可以草率地責怪這些未成年的少女不負責任和沒有避孕，或自己都還是孩子卻把孩子留下來。此外，也容易將過錯歸於未成年少年的父母，說他們沒有好好督導自己

的小孩，或是警告他們太早從事性活動所冒的風險。這些年輕的媽媽在試著養育自己孩子的時候，被控訴太懶或沒有動機去完成高中學業。但是許多未成年母親是非其能力所能掌控的受害者。許多未成年媽媽不知道他們有選擇權，不容易避孕成功。在懷孕的個案上，同輩的壓力來自性行為和把孩子留下來，二者都對低收入家庭的未成年少女有很強的影響力，就像對中等收入家庭的少年，在同輩壓力下要穿什麼衣服是一樣的。要說服未成年少年相信以未來眼光做事的重要性是不容易的。立即性的感受是少年發展階段之一部分。中等收入家庭未成年子女可能認為他們父母會負擔送他們到大學讀書的費用，所以完成高中學業和延後為人父母是很合理的想法。但是我們能給與這些低收入家庭的未成年少女什麼樣的遠景呢？他們並不知道自己有什麼選擇，同時也難以相信他們能過比父母還好的生活。畢業之後只有一個最低工資的工作，而不是一個去完成高中學業的強力誘因。

我們的案主缺乏政治權力

從歷史上來看，社會工作發展成為一個專業的主要焦點在貧窮者，包括少數民族、婦女、兒童和殘障者。這些人都沒有接受到資本主義和民主主義的經濟利益，因為她們無法接近政治體系。養一個辦公室是很花錢的，在立法的聽證會上做證是要有強有力的公共演說技巧，以及交通工具到聽證會場。投票要靠近投票所，還有要去投票的堅定信念，以及有人可以幫忙照顧孩子。

做一個社會工作師每天碰到不平等接近資本主義資源的結果。因為沒有足夠的政治壓力去迫使聯邦政府興建更多低收入房舍，所以貧窮的單親媽媽住在不好的房屋中。因為父母的工作沒有提供健康照顧給付，所以貧窮的兒童無法獲得醫療照顧。未成年媽媽因為無力負擔私立的日間照顧費用，及沒有整體的兒童托育系統而輟學。我們對於鼓勵地方政府、州政府和聯邦政府發展這些方案的努力，就是政治。我們的目的是要去影響這些資源的分配，使最需要的人可以獲得滿足。

社會工作倫理是政治性的

全國社會工作協會(The National Association of Social Work)在一九七九年採用之專業倫理守則 (professional code of ethics)是想引導社會工作師在她們專業活動，以及在與案主、同仁、聘雇機構和社會之關係上能有較好的倫理選擇。在第六節「社會工作師對社會的倫理責任」上肯定社會工作專業之政治性質：

推動大眾福利 社會工作師應推動社會大眾之福利。

(1)社會工作師應採取行動預防和消除基於種族、膚色、性別、年齡、宗教、國籍、婚姻地位、政治信念、心理或生理障礙或其他偏好，或個人特質、條件或地位而對個人或團體之歧視。

(2)社會工作師應採取行動確保每個人接近她們所需要的資源、服務和機會。

(3)社會工作師應採取行動以擴大每個人的選擇和機會，尤其是對處在不利情況或受壓迫之團體或個人。

(4)社會工作師應改善社會環境，鼓勵尊重建構美國社
會之文化差異。

(5)在公共危急事務上，社會工作師應提供適當的專業
服務

(6)社會工作師應倡導改變政策和立法，以改善社會環
境和增進社會正義。

(7)社會工作師應鼓勵社會大眾非正式參與修正社會政
策和制度。

很明顯的，這些倫理責任確認社會工作政治性質。「改變
政策」、「改善社會環境」和「修正社會政策和制度」意含著
政治性活動。

第六章協助你去發展一組技巧，評估社會福利和社會服務
機構政策二者。雖然目前社會福利經驗分析通常是由專業研究
人員來做，但是評估影響我們協助案主之政策卻是理所當然的
在每一位社會工作實務者之活動和責任之內。此分析模式已經
特別為那些可能沒有參與每天決策活動，但是卻要靠政策制定
者而做事的實務工作者發展出來了。指認政府或機構政策要改
變的第一步，是確實瞭解政策中的問題。第七章和第八章將討
論一個具體計劃，你能運用政策方面的知識來改變之手段。

摘　要

好的直接服務包括 Briar & Briar (1982)所說的「雙重覺知」
(dual awareness)。雙重覺知需要社會工作師瞭解政策如何影響

決策和實務工作如何影響政策決定。本章開頭所引述的話是機構和社會福利政策加諸限制在社會工作師身上之生動例子。一個機構的哲學和給付的機制會限制實務工作者的自主性。一個大雜燴拼盤式的社會福利方案能使社會工作師和案主一樣產生困惑。我們一頭栽進助人專業，出自內心之承諾去直接幫助他們，但是體制似乎顯現出阻礙多於問題的解決。

　　這些引述的話之中，也提到案主和社會工作師最重要的希望；如果我們知道政策是怎麼訂的，以及能提供政策一個具洞察性和有效能的評估，我們就可以用最快的速度改變政策。一個政策改變所影響的生活品質比我們對案主的服務還要更多。社會工作是一個政治性專業，亦即直接和間接透過社會福利政策改變協助案主之過程。在資源分配和決定接受或改變案主生活條件上，我們的專業扮演了一個重要角色。代表案主倡導和朝社會變遷來努力是社會工作實務重要的面向。最後，比起他們原先的懷疑，社會福利政策之學生和直接服務之學生會有更多的共同處存在。

　　第二章將檢視社會福利政策轉換成影響案主和社會服務機構實務工作者之環境脈絡。社會服務機構是大多數人在其專業生涯中的工作地點，而環境脈絡則存在其中。

問題討論

1. 何謂社會價值？舉一個你認為什麼是中國社會價值的例子，社會價值如何影響社會提供案主服務之意願？
2. 機構政策之意義為何？機構政策是如何影響社會工作師能

為案主做的事和協助案主的是什麼？

3. 你同意社會工作是一政治性專業嗎？如果你選擇社會工作作為生涯工作，你認為是否適合你？如果不是，你認為專業的政治面中不能吸引你的地方是什麼？

4. 在下列的案主人口群中，在社會服務的提供上，你如何來知覺「責備受害者」這一個想法的運作？
   a. 罹患愛滋病的人。
   b. 受暴婦女和其子女。
   c. 酗酒和濫用藥物。
   d. 矯治。

建議作業

1. 與社區中幾位社會工作師面談，問他們下列問題；
   a. 你認為 工作中最讓你感到挫折的是什麼？
   b. 社會福利政策如何影響你能或不能協助案主？
   c. 你的機構是否參加改變讓你在協助案主上感到最困難的政策是什麼？

2. 找出你社區之中有何政治組織是由社會福利案主發起組成的，例如某些社區有失依兒童家庭補助津貼接收者的積極性團體，其以改變公共救助體系為主要的工作，其他社區有愛滋病或老年人組成的政治性積極團體。

3. 邀請當地社會工作協會負責人來參與討論社會工作師在當地政治上積極性程度如何。

重要名詞與概念

機構政策　agency policy

責怪受害者　blaming the victim

社會福利制度化模式　institutional model of social welfare

政治性的　political

殘補式社會福利服務　residual model of social welfare

自主性實務工作的迷思　the myth of autonomous practice

註：Jeffrey, Galper's 主要的論點是，雖然社會工作專業出現採
　　短期社會改革以求進步之觀點，但是在運作上，長期的
　　事實是具有專業強化社會壓制之特性。社會工作強化了
　　破壞人們幸福的保守價值和意識型態(Galper,1975)。

第二章
實現社會福利政策：
社會服務機構的內在環境

污濁的水不可能養出健康的魚。

——James A. Wilson, 1979, p.125

　　社會工作師不像其他專業，如醫師和律師，往往只有少數人能自己開業。機構則是社會工作實務者和社會福利政策相連接的脈絡環境。機構扮演著國家與個人間的媒介角色，將政府的制度轉變成實際的服務，以提供服務給個案（Blumberg，1987：222)。要瞭解社會福利政策和社會工作實務是相連接的，如果沒有瞭解政策執行過程中，機構的內外在運作力量，則這種瞭解是不完整的。控制機構的功能和操作程序，被視爲是機構的政策。

　　外在環境(external environment)是包括所有機構組織環境之外的因素。這些外在因素會影響機構的服務類型、案主和工作人員的特性。外在環境會在第三章中討論。

　　內在環境(internal environment)是指機構組成的所有因素，即是官僚體制。這些因素決定在機構內案主和工作人員會碰到些什麼事。此外，機構目標、機構技術、權威和權力、決策的過程，都會直接地影響機構的政策如何變成服務的方案。本章所要探討的是：社會服務機構的內在環境，也就是官僚體制，亦即 Wilson 在開頭所提到的「污濁的水」。當社會工作師表示他們在工作上的挫折時，常抱怨的是官樣文章和繁瑣的行政程序。組織內複雜的情形，可能會比協助案主所碰到的挑戰，更是讓工作人員有職業倦怠的主因。

　　具言之，本章討論的內容如下：

　　・討論在社會服務主要和次要場所裏，社會工作師的角色

有何不同？
- 分析社會服務機構在運作時，明確界定目標的重要性。
- 界定組織技術，以及討論組織技術選定的困難。
- 討論在決定機構如何運作中，權威和控制的重要性。
- 檢視影響決策的組織因素。

社會工作的主要和次要場所

在許多的場所中，包括兒童福利機構、社會服務部門、醫院、學校和復健中心，都有社會工作師。當組織的主要目的是提供社會工作專業服務，而且社會工作師是主專業類屬時，我們稱這樣的機構為主要社會工作場所（primary social work settings）。這種組織的主要活動是直接服務案主，確定服務需求。例如兒童福利機構是主要場所，機構內大多數的工作人員是社會工作師，而其主要任務是兒童以及其家庭工作。

在主要的社會工作場所中，社會工作師掌握著某種程度的控制權，來決定政策要如何完成。由政策導引出來的方案，社會工作師也比較能確保案主會得到尊重以及保密——這是社會工作專業價值的中心議題。社會工作也承諾讓案主自我決定（self-determination），即相信案主應和專業工作者一起積極的參與決定如何解決自己的問題。因此，擬定服務方案時，案主應有機會參與會影響其福利的每個決策中。

學校和醫院是次要社會工作場所（secondary social work settings）的例子。在次要社會工作場所當中，社會工作師是和其他專業一起工作；而這個專業的場所主控人員和工作，才是

組織的主要目的。在醫院中，社會工作師協助病人學習適應疾病和生活，但是醫生和其他的醫療人員，則是在第一線協助病人的專業人員。因此，有關病人治療的最後決定權是操在醫師的手中，而不是在社會工作師手中。在學校方面，學校社會工作師只有在教師或行政人員轉介學生的時候，才能協助他們，所以，教育的功能才是學校的主要焦點；社會工作師提供學生諮詢和支持的功能，雖然也被認為相當重要，但是在學校中，仍然被擺在第二位。以下是一些主要和次要社會工作場所的例子。

主要社會工作場所

- 兒童福利機構
- 社會服務部門
- 家庭服務協會
- 宗教的社會服務（例如，天主教社會服務、路德教會社會服務、猶太人社會服務）
- 寄養機構
- 家庭諮商機構
- 受虐婦女保護中心
- 遊民庇護所
- 兒虐預防機構
- 逃家者庇護所

次要社會工作場所

- 醫院
- 公私立學校
- 日間照顧中心

- 戒酒、戒藥中心
- 養護之家
- 復健中心
- 商業和工業
- 法律協助辦公室
- 就業諮詢機構
- 親職訓練機構
- 殘障發展機構
- 社區中心
- 老人中心
- 社會發展委員會
- 公平住宅會議
- 緊急求助專線
- 酒癮自助團體
- 獨立生活機構

社會工作價值與其他專業價值

　　根據 Dane 和 Simon（1991）所言，在次要社會工作機構中，社會工作師可能會遭遇到四個問題。首先是社會工作專業和組織中的主控專業有價值差異的問題。例如在矯治機構中，典獄長和守衛（主要的專業人員）將監禁和懲罰當成是對犯人的主要工作目標，而社會工作師卻視自己為重建和治療的角色。這些彼此相互矛盾的目標也呈現在其他地方。如果矯治場所中，大部分的財力資源是要用在執行懲罰的目標時，那麼監獄社會工作師就不太可能使案主在治療上有很多的進步。在矯治系統上社會福利基金的分配，也許是計劃用在犯人的復健工

作上，但是矯治機構也許認為最佳的復健工作，必須藉由監禁和懲罰來完成。社會工作師也許並不認為監禁是一種治療，但是卻沒有太多的談判權力，能代表案主來爭取，因為他們是在次要的社會工作場所中工作。

邊緣的地位

Dane 和 Simon 認為的第二個問題是邊緣的地位。也就是說，因為在次要社會工作場所中，通常社會工作師佔少數，而使他們變得很特殊，因此，他們的決定便常要被過濾和仔細的評估，以便確定是否他們的決定與機構的規範一致。在醫院中，醫生和護士常會小心地檢視社會工作師是否侵犯他們的專業領域。當醫生強烈勸告家屬，讓病人使用維生設備來維持病人的生命，但社會工作師因從協助家屬的會談中得知家屬在使用這些設備的複雜感受時，而去和醫生溝通的話就會產生衝突。因為社會工作師一定要去維護病人及其家屬的最佳利益，但醫生的工作卻是提供最佳醫療的照顧。所以社會工作師所關心的事情，大部份放在醫生處理病人的次要地位。

被貶抑的社會工作

在次要社會工作場所之中，社會工作可能在男性為主的工作環境中，常被貶為女人的工作(Dane & Simon , 991 , p. 208)。在社會工作場所中，社會工作師最常做的直接服務也是由女性主導（Leiby, 1978；Lubove , 1975）。例如在醫院場所中，醫生和管理者通常是權力的主要來源，通常是男性，大部分的社會工作師和護士則都是女性。因為女性的養育功能，社會工作和護士這二種專業也被設計為女性的工作。就像在養護工作

上，社會工作通常都不被視爲病人治療計劃中的一部分。

角色的模糊

　　Dane 和 Simon 所認爲的第四個問題是角色的模糊。角色模糊的產生，常常是因爲社會工作師一方面有責任要和案主建立關係以解決問題；而另一方面，又要兼顧著增強組織規範的角色。例如，一個長期曠課的學生被轉介給學校社會工作師，當學校社會工作師進行一段時間後，認爲學生曠課是因爲學生強烈的不喜歡老師，但是該發現，卻使得社會工作師陷入兩難。因爲學校社會工作師若出面提議更換老師，那麼學校系統將會持反對意見。出面爲案主爭取權益是社會工作師應做的角色，但是在學校體系中，可能認爲社會工作師偷懶，因爲他的工作是讓學生回到教室上課。由於社會工作師是在次要社會工作機構中，大多像是在學校教育體系中一樣，要增強遵守出席的規範，而比較不是關心學生在班上喜不喜歡老師這個不幸的事實。雖然學校強迫上課的政策是法律所強制規定的。但是，另一方面，學校社會工作師也會更進一步看到其他學生出席之外，孩子生活上的問題。

　　在主要的社會工作場所中，社會工作師對政策的執行有比較大的影響力，使其和社會工作的價值與哲學一致。而在次要場所中，社會工作師發現他們自己卻是處於另一個專業的哲學和價值中，偶爾會和社會工作的價值發生衝突。社會工作師在其工作的場所中扮演著社會福利政策轉化爲實際方案的角色。

組織環境的內在因素

　　不論社會工作師是在主要或是次要的社會工作場所中，大部份他們的工作是被組織環境中的力量和因素所影響。機構的方案目標、組織技巧、機構服務的人口群、權威和控制，以及決策的本質，都會或多或少影響著工作員要對案主採取甚麼行動。

大衛郡心理衛生中心

　　本章將使用一個虛構的社會服務機構（大衛郡心理衛生中心）當作例子，來說明影響社會服務機構的內在要素影響實務工作在機構中的功能表現。大衛郡心理衛生中心設置在華頓，這是一個人口稀少的鄉村地區，人口大約有一萬人，50％的人口住在郡內，因為人口如此的少，所以大衛郡心理衛生中心是唯一主要的精神健康服務提供者，以及藥物濫用服務的機構。大衛郡心理衛生中心與一個私人的非營利兒童福利機構、以及大衛郡的社會福利機構，並列為當地的三個主要機構。

　　在這裡最嚴重的社會問題是酗酒。漫長而寒冷的冬天，社會的疏離，加上此地酒類生產量豐富，造成此地各年齡喝酒的人口不斷增加。由於酒精的使用，使得大衛郡以及整個州之內，家庭暴力情況都急遽的升高。

　　對於這個警訊的反應，州議會通過了「酒精與家庭暴力覺

醒法案」（The Alcohol and Demestic Violence Awareness Act），
要求假如酗酒是家庭暴力案件的肇因時，施虐者必須接受酗酒
和藥物濫用的診斷和評估。此一政策是整個州十分不尋常的一
件事，在州長否決之後，只有在極少數差異下，通過此一法案。

在警方和當地社會服務提供者的評估下，大體上，此一法
案在大衛郡中有了六十個個案要評估，而全州有七千個案件；
這些確實的數字並不容易估算，因為家庭暴力通常是隱藏性
的、不易見到的。社會工作師、醫生、律師和教師、都被要求
要報告他們懷疑酗酒造成家庭暴力的案子，甚至沒有報過警的
案子都包含在內。被叫到家庭爭吵現場的警察，也要負責去法
院說明是否為酗酒導致的家庭暴力事件。轉介機構會報告有嫌
疑的人，接洽大衛郡心理衛生中心和機構的人提供評鑑或轉介
案主到其他機構。布來恩是大衛郡心理衛生中心的一名社會工
作師，負責安排轉介來接受診斷和提供治療的人，他是對酒精
和其他藥物濫用的檢定工作十分有經驗的社會工作學士，並一
直都住在華頓，本身也是個康復的酒癮患者。

社會服務機構的目標

在直接服務中，協助案主最重要的部分，就是指認介入的
目標以及期待達成預定計畫活動的結果。組織也有目標，機構
的目標清楚具體是很重要的，大部分機構的活動將能朝著目標
而努力。而目標也很重要，因為目標是評估機構目的是否達成
的手段。

機構的目標通常和社會福利政策有關連，要不是直接的將
政策轉換成方案目標，就是機構提供政策並未涉及的服務。本
法案要求大衛郡心理衛生中心對因為酒癮引起的家庭暴力施虐

者提供治療，便是直接將政策轉入機構方案中，由直接服務者提供治療。而組織目標包括二個主要的類別，即一般目標和特殊目標。

(一)機構任務的聲明

機構的一般性目標通常是列在任務聲明（mission statement）當中。任務聲明是機構對社會問題的範圍加以確認，以及機構如何達成目標的一般描述，屬於較廣泛的聲明。圖 **2-1** 為大衛郡心理衛生中心的任務聲明。任務聲明使機構、案主及社區對服務清楚的瞭解。顯然的，大衛郡心理衛生中心主要關心的是精神和酒精濫用的領域，它並不專長於兒童福利、老人服務、成人服務，或是殘障服務，除非是直接和藥物濫用有關的議題。任務聲明定義了機構對外在環境的服務範圍。

(二)方案目標

同樣的，機構內的方案也會有方案目標，每個個別方案的結果是機構想達成的。圖 **2-1** 列出「住院成人酒癮治療方案」以及「酗酒和家庭暴力覺醒方案」。大衛郡心理衛生中心內的這二個方案，和我們所討論的主題有密切的關係。在機構的一般任務聲明之下，方案目標是每一個方案所渴望達成特定的結果。

例如，上述這二個方案之中，已經有了它們想要治療病人的明確數目，並且有計畫來降低因酗酒引起的家庭暴力事件。方案的目標將依據所提供的服務量來測量。這些目標的類型，稱之為產出目標（output goals）。在這二個方案中，產出目標是指機構提供給案主的物品和服務的數量。在此案例中即是住院治療和家庭暴力之減少。在會計年度終了時，能以此來決定方案是否達成目標，例如，已經有一百七十五個成年人住院接

任務聲明

大衛郡精神健康中心的任務是提供心理健康，藥物濫用的預防和調適。只要是居住在大衛郡中的居民，不論其年齡、性別、種族、膚色、宗教、低收入、退伍、或是性取向，都可獲得服務。大衛郡心理衛生中心的目標是經由對個人和家庭的積極社區教育和服務方案，來預防精神疾病及藥物濫用的產生。不論是案主主動前來的，或是經由家庭、法院、醫生轉介而來的個案，大衛郡心理衛生中心都將提供各種住院及出院服務。在治療過程中，也將保持個人的尊嚴和最大的自我決定權。

方案目標

住院成人酒癮治療方案
    A.對一百七十五個有酒精依賴的病人，提供住院治療，補充性之家庭服務。這數字的推估是本郡酒癮人口的四分之一。在一百七十五個病人的治療中，本方案目標在於使七十五個人能夠有效的節制喝酒。
    B.在新的一年裡，增加 25％的酒癮匿名團體和 AL－Anon 團體，（由一個增加至十三個），並對康復的病人家庭、社區提供支持。
    C.發展女性酒癮的特別單位。服務的病患從一年三十個增加為一年五十個。

酗酒和家庭暴力覺醒方案
    A.減少三分之一和酒精有關的家庭暴力事件（在兩百個意外事件當中）。
    B.擬出一項特別與酒癮和家庭暴力問題有關的方案，把住院及出院病人方案連在一起，第一年服務四十個家庭，第二年則服務六十至八十個家庭。
    C.主動舉辦一項社區認識訓練方案，以警察、教師和社會工作師為主要對象，講解對於因喝酒引起的家庭暴力事件的確認和治療。

圖 2-1　大衛郡心理衛生中心的任務說明和方案目標

受治療了嗎？在一年之後，其中有一半的人不再酗酒嗎？有三個新的匿名戒酒團體成立嗎？因酒癮而產生家庭暴力的人口降低三分之一了嗎？

　　當這些提供的服務可以被實際的測量，而且能夠展示具體的方案來降低社會問題的發生率或是嚴重性時，方案目標才顯

得更有意義。

不幸的是，很少會有組織目標是這麼明確和可以被測量的。一些實務工作者都知道在協助案主時，清楚和簡潔的陳述，以及被期待完成什麼目標是很有用的。例如，A 先生將參加四個匿名戒酒的聚會，每週進行一次家庭諮商會談，並且要在治療的前六個月內，和太太口頭的爭吵降低約 50 ％ 的次數。A 先生和他的社會工作師都知道這些目標。模糊的治療和組織目標就像是「協助案主變得更好」，以及「提供社區的需要」等，這些模糊的陳述將使案主和社會工作師不易確認目標是否達成。如果我們不知道什麼是我們企圖要去完成的，我們怎麼會知道我們完成了沒有。假如組織原先的干預目標是不清楚的，那麼我們就很難決定案主何時不再需要服務，或是組織已經完成了一個成功的方案。

目標轉換

Neugeboren（1985）指出社會服務目標模糊不清，是社會服務機構和其他人群服務組織最嚴重的問題。他歸因於社會服務機構缺乏簡明目標。機構傾向強調服務的手段（如諮商、社區教育、住院服務），而不是去強調他們希望完成的結果，這稱為目標轉換（goal displacement）。當這些手段變成目的時，就發生了目標轉換。變成任何一個機構所做的事比它完成了什麼更為重要。以「家庭暴力覺醒方案」為例，簡單的從事一個廣泛的、系列的社區教育方案，舉辦警方和其他轉介機構的訓練課程，而且儘可能地讓許多人接受居家的治療，如果沒有文件資料可以證明酗酒引起的家庭暴力意外事件有減少的時候，這就是一個典型的目標轉換個案。

當一個機構中不同的目標互相衝突時，也會發生目標轉換的情形。大衛郡心理衛生中心在服務濫用藥物婦女方面的數量遠多於男性。有些不同的機構也會針對女性的一些獨特問題提供服務，例如，照顧接受治療者的兒童。但是也有一些人會誤認，認為大衛郡的女性沒有酗酒方面的問題。大衛郡心理衛生中心的工作人員知道這種錯覺是不恰當的，因此在住院病人的治療計畫中，擴大婦女的服務範圍。但是無論如何，大衛郡心理衛生中心也想針對男性做家庭治療覺知。當有經費可用的時候，大衛郡心理衛生中心會擴大服務嗎？能同時增加對男女兩性的服務嗎？或是犧牲女性的機會，以增加服務男性的機會？這些潛在的事實，都是來自兩個目標的衝突。

目標模糊與目標衝突會如何影響實務者？

　　在社會服務機構中，目標模糊與衝突的問題，會以許多種方式影響實務者。第一種，模糊或衝突的目標讓實務者對組織生命產生混淆。在一個不清楚機構目標的環境中工作，會使人對工作不滿意。機構完成了它所想要完成的嗎？工作人員成功地執行工作了嗎？工作人員的工作使得案主改變生活了嗎？所有這些問題可能都沒有答案。如果你不清楚什麼是你要去做的，將很難讓你對自己的工作感到滿意。發生在組織層面上的目標轉換會轉到個人層次上。會從清楚說明如何提供案主改變行為或生活情境，轉成強調提供案主多少的服務時間。

　　第二種，目標衝突會在機構工作人員之間一直衝突。較早所舉例的性別議題，就是一個很好的例子。當女性治療單位的工作人員認為資金被擴充到男性的治療單位時，會覺得他們被欺騙了。對於資源和「勢力範圍」的爭辯，會使得工作人員很

難去記得他們的敵人是酒精的濫用，而不是同事。

最後，因為社會服務機構發現建立目標是如此困難，同樣的他們也很難贏得社區和服務人口的尊敬。如果一個機構能提供相當的服務時數，但是卻不能清楚的決定可於何時完成目標時，要如何向案主和外在提供資金者說明他們有在做事？在社會服務中不易清楚列出、執行和測量目標，對於社會福利政策之發展常常是嚴重的障礙。如果機構目標模糊，或是沒有證據來顯示效果，將難以說服法律制定者以及納稅人支持方案。

·自我決定和組織目標

自我決定被界定為，案主對於他們自己的生活有最大的決策權利。全國社會工作協會倫理守則強烈支持自我決定，視其為完整的專業過程中最重要的要素。理論上來說，如果案主能夠明確的參與行動過程，將是很理想的。然而，事實上，許多案主進入社會服務系統時，都是非自願的案主。也就是說，因為法院要求，所以他們會尋求社會服務。不只是這些案主很少參與，要去什麼機構他們也沒有真正的選擇權。通常我們能給這些案主一些選擇的範圍，但是並不是太多。你將會發現自己比較堅持執行機構的規則，而不是維護案主的利益。

組織技術

許多機構的目標難以測量和具體化，是由於機構的組織技術。所謂的組織技術，是指一組由組織使用的系統性程序，以完成案主預期的改變（Hasenfeld & English，1974：279）。在人群服務中，技術包括社會工作師協助案主工作時所扮演的不

同角色，例如仲介人、倡導者、調停者、資源協調者，或是治療者（Neugeboren,1985）。又例如，諮商機構著重在治療關係中，經由行為的、任務中心的、以及家庭系統的技巧，賦予案主能力來確認和解決問題。這些技巧都是在組織技術之內。另一方面，少年的觀護人是法院中的官員，除了治療者的角色之外，還扮演著社會規範的要求者、資源協調者、以及仲裁者的角色。在社會服務機構中，社會工作師扮演的角色，會反映組織的技術。

Hickson、Pugh 和 Pheysey（1969）指出組織技術的要素：技術的知識基礎、將與服務的案主本質、活動的順序、以及使用的設備等等。當我們詳細的檢查這些要素時，將會發現社會服務機構的組織技術為何會如此的有問題。

社會工作的知識基礎

社會工作是折衷專業最適當的例子。社會工作廣泛的從一些科學中借用知識過來，像是心理學、社會學、人類學，以及政治學。社會工作最近也開始發展知識基礎，把系統理論拿來做為分析問題以及選擇介入方法之媒介（Compton & Galaway，1989）。但是無論如何，許多人類行為是社會工作師並不知道的，而這會使我們在改變行為時遭遇困難。人類行為明顯的表現出因果關係。例如，家庭虐待的受害者用不同的方式來處理自己的問題，有些會表現出輕微的憂鬱症狀，其他的則會有嚴重的情緒失調，有些被虐待者永遠也離不開施虐者，而另一些人是一開始發生家庭暴力就離開。給與相同的刺激，不同的人卻有不同的反應。

不像是商業或是工業，人類服務的技術有著高度的不確定

性，因為我們的知識基礎是如此的多變，在個人或環境中有不同看法存在。社會工作的介入會影響技巧的使用（Neugeboren ,1985）。在某個個案中，我們的目標也許是改變個人行為，或者是改變案主的生活情境。每一個都要有不同的技巧和技術。

　　例如，詹先生是個三十五歲的會計師，最近因為工廠的生意沒落而失業，偶爾詹先生會和朋友喝些啤酒，但是他從來不曾大醉過，當他失業後，他開始大醉、狂鬧、最後還會虐待他的太太和小孩。警方轉介詹先生到大衛郡心理衛生中心的酗酒和家庭暴力覺醒方案中，假如方案的目標是在改變情境，社會工作師將會扮演仲介人、調停人和倡導者的角色。社會工作師會協助詹先生找到另外一份工作，因為社會工作師認為失業是詹先生的主要問題。而另一個社會工作師，雖然也瞭解失業問題對詹先生的影響，但是工作取向卻是針對讓詹先生領悟自己的行為，也就是探索詹先生會如此做的因素。雖然二個工作員使用不同技巧，但都可能會堅定為自己的工作取向和使用的技巧辯護。

社會工作技巧的原料：人

　　生產者能夠在製造過程中，藉由控制原料的品質而控制產出。社會工作的原料是人，為了道德和實際的原因，社會服務機構不能控制前來接受服務者的「品質」。社會工作師的成功，非常依賴來到機構接受服務的案主類型。當案主有較強的動機和用心努力時，社會工作師比較能成功的協助案主、確認問題並發展行動計畫。然而如果案主是被外力強迫而來的，社會工作師就較難工作了。

Hasenfeld 和 English（1974）稱會削弱社會工作師技巧的案主為「自我催化」（self activicting）的案主。諮商無法改變任何不想改變的人。在酒癮的治療機構中，社會工作師很早就知道，當案主決定要繼續喝酒時，再多的技巧也無法停止他喝酒，除非他自己想停下來。忽視這些道理，而去歸因於我們的專業技巧，那麼個案的效果仍然停在原點。

社會工作技巧的運用順序

社會工作是協助人們工作，而不是一連串有理性而預定的步驟，它也絕不是將原料輸入後，就會產出一種正確的東西。這種協助他人的工作方式，並不是一種可以預期的例行公事。

某些治療派別，例如行為修正和催眠，雖然會有一些固定的步驟，但是大部分社會工作實務中，案主的進步是不確定的，這也是為何要去評估治療的結果和社會工作師個別的角色，會非常重要的原因。我們無法預期案主會怎麼樣，因為我們沒有控制案主生活中大部分的其他因素。例如，已恢復健康的酒癮患者，已經不再喝酒好幾個月了，但是在一個特別不順利的日子裡，或是在某一次危機事件中，他們都有可能又開始喝酒，這種再犯率並不能反映工作者技巧或治療技巧的價值。更確切地說，協助案主的工作裡，案主生活中許多其他因素的影響力遠大於社會工作師對他們的作用，這是無法避免的。

權威和權力

如同前面所討論到的，所有社會服務機構都有目標，而且

此目標引導著機構的活動。工作人員在完成他們的活動同時，也必須完成他們的目標。監督工作人員的工作，要他們依照機構目標做事，協調機構工作，這些都是行政主管人員的工作，他們被工作人員視爲是機構內的權威者和控制者。

權威可以被解釋成在這位置上的人，用權力去影響他人，而且是對方認可和支持的。私人機構或市政府公家機關的單位主管人員擁有權威，是藉由董事會的授權。而權力是影響人們去做某些事情的能力（Daft ,1989）。權力通常和權威有關，然而，在社會服務機構中，沒有在被認可的位置上的權威就無法運用權力，而在位置上的權威能用權力。

權威和權力的功能

根據 Perrow（1979：145）的說法，權威和權力有三個基本的功能。第一個功能是「建構機構環境，以儘可能達到機構目標」，也就是說，在組織中建立組織的優先順序，然後才建構機構環境，以實現這些先後順序的目標。第二個功能是「監督組織成員工作表現以確保能依循機構目標」。權威是負責評鑑是否目前的機構方案與人士是朝向完成機構目標而發展。第三個功能是「權威協調所有機構中的活動，使發揮最大效率與效果，以及把衝突減到最小」。

權威和權力的顯示

不幸的是，權威和權力這個字眼常有許多負面的意義。權威常會被認爲是要我們去做某些我們不想做的事情的人。而權力也會被視爲一個貪婪官僚者的個人特質，而不是在人群服務組織工作上必須的要素。在社會服務機構中，權威和權力能用

不同方式被觀察。

(一)組織圖

　　要瞭解在一個機構中誰最有權威，最明顯的方法就是去看機構的組織圖。組織圖明顯地描述出機構有哪些部門和方案，而且顯示誰對誰有正式權威。從組織圖中我們也能瞭解組織的垂直權威。垂直權威是一個人在正式權威體系中，擁有最大權力到最小權力的正式位置。例如圖 **2-2** 是一個私人社會服務機構的組織圖。

　　在組織圖中最上面的是董事會，在董事會下面的是執行長。在執行長之下的是主管每一個機構方案的各單位督導。組織圖是用來協助確認權威的正式管道，但是不太能讓我們知道機構中的權力結構。在正式的權威位置的人並不比那些較低位置的有權力。

(二)掌控資源的權力

　　控制或能使用財務資源的人，通常是組織裡最有權力的成員（Marcus，1988）。組織理論和政治經濟學者認為組織只是「使用資源程度差異，而且彼此相互競爭獲得最大利益的團體」（Marcus，1988：93)。在這段話中，政治是指獲取權力的過程，而經濟則指有形和無形的組織資源（Marcus，1988）。雖然本文的取向，較傳統政治經濟的解釋廣泛，但是它舉例說明對資源的取得（就是權力的取得），可能是比權威更重要的組織要素。也就是說，不同的要素——在組織中的方案中——有不同層次的權力，是奠基於對資源的取得之上。當大衛郡心理衛生中心的酗酒和家庭暴力覺醒方案，從州政府以及私人的保險公司獲取資源時，將在機構組織的結構中增加所得到權力。金錢將會實質上增加方案的權力。水平權力是指在組織結

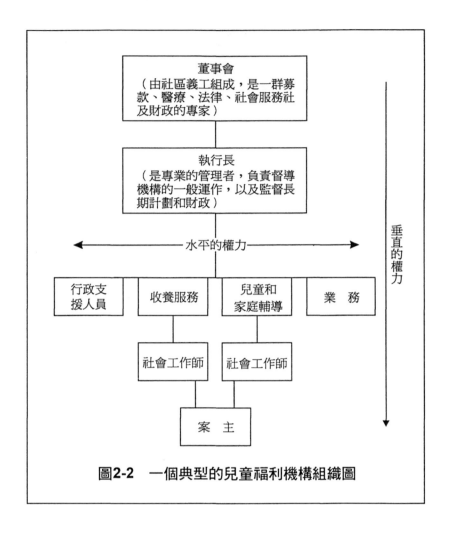

圖2-2　一個典型的兒童福利機構組織圖

構裡平行單位的權力關係。現在方案將可以使用機構裡面的其
他的資源（在前述的方案中，如金錢和人員），而其他的方案
比較使用不到。

　　資源也可以是無形的，由於酗酒和家庭暴力覺醒方案受到
州立法單位注意，將會帶給員工聲望和讚許。而聲望、讚許和
知名度是方案非實質的資源，能給與方案不一樣的水平權力。

（三）獎賞和認可的系統

　　獲得加薪、升遷，和選擇工作，都是組織賞罰的方法。組織中的這些方法是爲了控制成員的行爲。工作人員若把工作做得很好，而且對達成組織目標有貢獻，就有可能得到加薪或升遷。而另一些人，若對機構沒有正面的貢獻，而且也沒達到機構的目標，則可能會被降低薪水或是被要求離開機構。權威和權力彰顯，有獎賞和懲罰的能力。在我們的第一份工作中，我們學到了誰對我們有權威和權力，而會有效的影響著我們的行爲。雖然你也許不同意你的老闆或督導要你去做的事，但是你仍會去做它，以避免被責備或是被開除。員工玩組織遊戲是最有可能在機構中得到升遷，而且最終會晉陞到也擁有權力的位置。這篇文章並沒有判斷玩組織遊戲是好或不好，只是指出組織遊戲是真實的，你必須在你工作的機構中去面對。

（四）非正式權威和權力

　　擁有權威的人並不總是對工作人員擁有權力的人。非正式權威和權力並不能在組織圖上顯現，但是卻在社會工作人員的組織生命中扮演著重要的角色。舉例來說，一些秘書、打字員、接待員、維修員和居家護理員等等，都是非正式權威和權力的來源。組織圖上的低階員工是值得對他們做投資來形成一個好的工作環境。這些支援性員工常常在組織中發揮柔性功能，這可以清楚的從在專業工作中的紀錄、電話留言和信件中呈現。

　　支援性員工也控制他人接近權威和管理者的管道，例如，很可能無法經由秘書那裡接觸某人。雖然這些行政人員的層級較低，但卻對機構每天的運作，發揮相當大的影響力量。

社會服務機構中特別的權威和權力議題

許多權威和權力的議題對社會服務機構是獨特的挑戰。這些問題反映社會工作實務的專業本質和組織束縛之間的衝突。

(一)缺乏自主

在機構環境之中，許多社會工作師的工作會受到組織結構、組織目標的約束；而組織結構和目標是由機構董事會設定的。社會工作師被認為是專業者，被視為有能力可以自主以及自我規範，而經由第一章中，我們知道這並不完全是他們工作的方式。自主能力是被一個嚴格的專業、結構的教育體制所審定的（在社會工作中是由社會工作教育協會所審定的）。但是只有在自己開業的情況下，社會工作師才有真正的自主權。像是在其他的專業中，例如醫療和法律，就比較有自主權。醫生和律師決定對案主的行動，就比較少要有督導來確認是否與機構的目標和方案一致。

雖然社會工作越來越被認為是專業，它仍然只有較少部份的專業自主。Hartman (1991)指出四個侵蝕社會工作專業自主的因素：

(1)社會服務機構不斷增加的組織科層，破壞了對案主服務的整體性。

(2)藉由商業世界的階級組織形態，將專業人員視為組織之要素，其服務輸送主要目標為效率，而非效果。

(3)雇用接受過商業訓練的官僚者而不是社會工作師去管理機構，將使機構不再奠基於社會工作專業價值之上。

(4)增加對財政資源的控制（或缺乏財政的資源）高於實

務服務，將導致社會工作師以較少資源服務更多案主。

這些議題對於社會工作師來說，是一種官僚的束縛，這種約束會和社會工作專業目的和任務之間有衝突。Hartman（1991）指出，社會工作專業的倦怠，常常是由於在一個固著、缺乏彈性的官僚結構中工作，而不是因爲案主多重問題的繁重工作。雖然社會工作師學習到基於他們自己的專業判斷來獨立工作和做選擇，但是他們在組織環境中，仍然有許多與專業自主模式常互相矛盾的限制加諸他們身上。

（二）專業和組織目標之間的矛盾

沒有能力做到真正的自主，產生社會工作師專業目標和組織目標之間的矛盾。在矯治場所中的社會工作就是一個常見的例子。社會工作的價值認爲應該尊重每一個案主，並且每一個社會工作師應盡最大努力使案主能做自我決定（全國社會工作協會 Code of Ethics ,1979, Section G）。從專業的觀點來看，矯治社會工作師認爲案主的復健是介入的主要目標，然而，矯治系統已變成主要的焦點則是監禁和處罰，不是重建。此時，社會工作師的專業目標（重建）便會和矯治機構的組織目標（監禁和處罰）有所衝突。如果在此場所中的社會工作師仍然對案主保持著強烈的專業承諾，那麼他很容易產生挫折。這種組織的限制，使得遵循專業目標是一件非常困難的事。

（三）社會工作中督導的雙重角色

在大部分組織中，督導是主要的權威人物，他們負責工作的安排、活動的協調，以及觀察和評估工作人員的表現。然而，在社會工作中，督導也扮演著老師和教育的角色。

社會工作相當依賴督導和工作員之間知識的傳遞。大學和

學院的方案提供了學生基本的知識和資訊。但是在實務領域中，知識要運用到個案身上，督導協助學生將所瞭解的知識用出來（Kadushin,1976），並且協助學生將社會工作專業價值內化。實習教學者（field instructor）也協助學生如何正確的運用知識，並且提供他們自己專業上的經驗、洞察和忠告。而專業社會工作師也繼續依賴督導的協助，使自己獲得專業上的發展和成長。

專業的督導也包含對受督導者提供情緒的支持。有許多問題的個案都會使社會工作師難以處理。經常暴露在一些社會問題，例如家庭暴力、藥物濫用，以及犯罪的活動，都會帶給工作員情緒上的傷害。能夠宣洩挫折，而且得到督導的鼓勵，將會協助工作員的情緒舒緩。

在社會服務場所中的督導者，同時扮演情緒支持的來源也要維持督導功能時會帶來困難？督導者是權威者和控制者的表象。督導者會發現他們自己不但要扮演著支持社會工作師的角色，也要扮演著機構中行政主管的角色。工作員和督導者會在這個複雜過程中會對彼此的角色感到困惑。

決　策

在本章節中，最後要討論的社會服務機構內在環境要素是決策。「決策」是每天要做的，對機構而言是重要的。雖然組織的成員可以質問主任、執行者和督導所做決策的好壞，但是到底還是需要遵守而少有選擇。在此讓我們仔細的來看決策的程序（甚至連我們都沒有感覺的部份）。

理性的範圍

合理的範圍是 March 和 Simon（1958）用來描述決策過程的內部程序。如果個人完全理性，並且考慮所有可能的選擇，將會每次都做出相同的決定，那麼最好的行動路線將會很快的出現。

然而，決策並不是完全理性的過程。決策者被他們所能知道的選擇和結果能力限制住，就像個案被他們的行動和所有可能結果所限制住一樣。可以選擇的範圍是有限制的，但決策者儘可能的在理性的範圍內做決定。有一些決策對組織和案主而言是好的，但有些是決策者不能預見的負向影響。

當州立法通過本法案時，就將全州的公共心理衛生中心系統採用為方案的地方性設置。心理衛生中心已經聘用藥物濫用的工作人員，而且有各項設備治療酒精濫用的醫療面和社會面。在立法者的知識範圍內，這像是正確的決定。然而，他們卻沒有預期鄉下地區對這些心理衛生中心有「烙印」現象，而且妨礙案主被轉介接受治療。在鄉村地區人們都知道誰住院和住院的原因，因此，到心理衛生中心就診會感到尷尬。被轉介到方案的人會產生很高的抗拒，因為他們都被當成精神病患或笨蛋來看待。儘管心理衛生中心的每個人都很努力的治療案主，但案主總是不願配合和來醫院。立法者在理性範圍內就無法預期到這些後果。

組織為決策的環境

組織中的決策被 Perrow（1979）所稱的「決定環境」（the

decision environment）強烈地影響著。決定環境包括機構的外在環境要求、決策者的專業要求、決策的時間限制，以及組織存在的決定角色。讓我們回到州的立法者把酗酒和家庭暴力覺醒方案放進郡的心理衛生系統中。郡的心理健康機構執行者決定由機構來作方案。這些機構的主任知道機構在社區中的聲望和問題。然而，面對案主的日益減少以及來自州政府資源分配的緊縮，執行這些方案對機構的財務會有助益。私人和公共保險確定會支付經費，而且方案是一種與社區關係的方法。組織決策的環境在這時候，對州心理健康系統施加足夠的壓力，也將激勵州的心理健康系統推出郡的屋舍方案。

決策對工作滿足的重要

對實務者而言，我們全都知道幫案主積極參與有關他們生活的決定，是任何介入方法成功與否的關鍵。如果案主相信他們能做出好的決定，他們也會開始相信自己能控制環境，並減少他們的無力感和絕望感。相同的現象在機構的環境中也存在著，當他們覺得能參與影響工作的決策時，組織成員對工作最滿意和有最大的生產力（Arches, 1991）。組織使用聯合的決策模型（model of joint decision making），能使機構決策模式的代表性較高，而且更能吸引與維持滿意、能勝任工作的專業社會工作師。感到比較滿意的工作者，會對案主提供比較有效的服務。最後，組織的脈絡環境會直接地影響機構的案主。

心理健康以及在組織中的生存

　　這裡所提的重點是：你可能會感到疑問，有誰可能在這麼複雜的組織，而且又要面對案主的挑戰中生存。機構中工作人員的精神健康是組織應當關心的事。但諷刺的是，社會服務機構對案主的精神健康相當關心，但對其工作人員的福祉卻缺乏關心。社會工作專業忽視去幫助學生把改善機構的工作條件說出來（Arches,1991）。指認以上的情況比較能夠協助實務工作者預料和瞭解機構行政階層的壓力因素，而不是案主的需求。認知這些壓力的來源，可以幫助我們克服它們。

實務者的展望

　　在本章中，我們看到了社會服務機構的內在環境要素(圖**2-3**)如何影響社會工作師轉化政策為服務案主的脈絡環境。例如將「酗酒和家庭暴力覺醒方案」落實在大衛郡心理衛生中心實施的教育、認識、治療內容。

摘　要

　　這一章是在探究社會服務機構的內在環境，首先的重要內容是機構必須運作，將社會福利政策轉變為對案主的服務。不

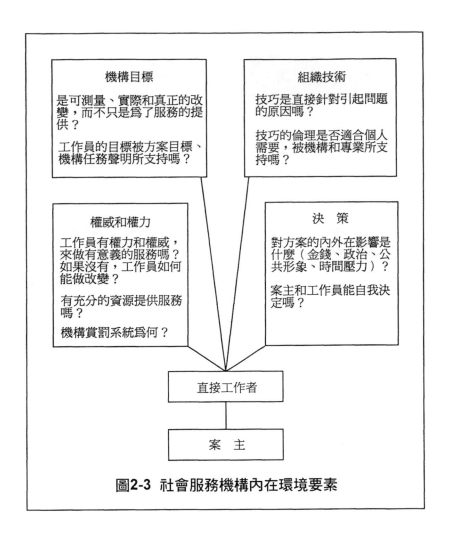

圖2-3 社會服務機構內在環境要素

論你是在主要或是次要的場所中，你將被二個問題所挑戰。那就是：要有一個清晰的目標，以及不可避免的目標衝突或目標轉換。目標確認的許多困難是來自於社會工作技巧的本質。我們要如何量化對案主的服務或是如何測量工作的成功？

雖然社會工作師在理論上是自主的專業人員，但是在組織場所中，所有的工作員是受到不同種類的權威所控制。對於報

酬、收入和其他資源的獲取，將決定一個人是否有權力可以在組織場所中超過他人。擁有權力也會在組織中擁有較多決策的責任，即使我們認為決策是從理性的範圍中做出來的。

在下一章中，將更擴展我們的觀點，來介紹社會服務機構的外在環境，例如，在一個更大的環境背景中，工作員、案主和機構會如何運作。

問題討論

1. 社會工作主要和次要的場所之間，有什麼不同？社會工作專業的角色在這二個場所中，又會如何不同？
2. 為何社會工作在一些次要的場所中會被貶低？
3. 請界定什麼是目標轉換。
4. 什麼構成了社會工作技術？舉例說明完成社會工作專業的特殊技術，以及什麼是模糊的技術？
5. 舉例說明垂直和水平的權威。此二者的影響，對社會工作實務者來說有何不同？
6. 什麼是決策理性範圍的意義？討論案主在企圖決定要如何解決他們的問題時，他們的決策理性範圍？

建議作業

1. 在你熟悉的社區中，接觸一個本地的社會服務機構，以及嘗試瞭解他們的任務和目標的聲明。這些目標聲明是要明確到

完成目標嗎？可以被測量嗎？找出機構要如何測量這些目標的方法。

2. 訪問在次要社會工作場所中工作的社會工作師。看看他會遇到什麼樣的問題？他們又是如何因應在本章中所提到的四個議題？

3. 比較一個社會工作機構和一個商業或工業機構的目標聲明，二者有何不同？又有何相似之處？

4. 訪問當地一個社會服務機構的社會工作師，瞭解在他（她）的機構中，關於權力使用的情形，並且比較組織圖上的權力和在組織中真正的權力，二者有何不同，以及在正式權威的位置上權力的來源爲何。

重要名詞與概念

權威　authority

理性的範圍　bounded rationality

哲學專業　eclectic profession

外在環境　external environment

目標轉換　goal　displacement

水平權力　horizontal power

內在環境　internal environment

非志願性案主　involuntary clients

任務聲明　mission statement

組織技術　organizational technology

產出目標　output goals

權力　power

主要社會工作場所　primary social work setting

方案目標　program goals

次要社會工作場所　secondary social work setting

自我決定　self-determination

垂直權威　vertical authority

第三章
社會服務機構的外在環境

如果瞭解組織是我們的興趣，則瞭解組織的網絡如何
運作，才能有透徹的認識。

—— Charles Perrow，1979，p.225

　　社會服務機構存在於網絡之中(Perrow，1979)。這個網絡
中的社會、政治、經濟複雜影響因素，使機構能夠發揮或被限
制功能。大多數的機構能或不能有功能，依賴其所處的環境，
例如：社區的態度和資助來源決定了墮胎診所能否在一個小城
市中生存。找不找得到專業人員，決定了一個酒精、藥物復健
中心能否在一個鄉村社區中設立。一個低收入鄰里協會要符合
殘障者能就近活動之嚴格又昂貴的標準，取決於聯邦政府補助
的日間照顧中心能否在此區域建立。態度、資源和政府法案都
是機構外在環境的一部份，這些結合機構內在環境元素的要素
會造成社會福利政策在施行上，只能執行與原定政策立法本意
很相近的部份。
　　本章主要在討論機構網絡或外在環境，包含機構外在環境
之所有因素直接影響到機構提供的服務類型、案主和機構工作
人員的特質（見圖 **3-1**）。
　　具言之，本章討論的內容如下：

- 社會服務機構外在環境的組成要素。
- 如何接近和爭取案主，將會決定機構提供的方案型態與
  品質。
- 如何運用機構的人力資源與大眾對機構的認知，會影響
  機構執行社會福利政策的成效。
  機構的財務與經濟環境影響機構達成法定的社會福利政

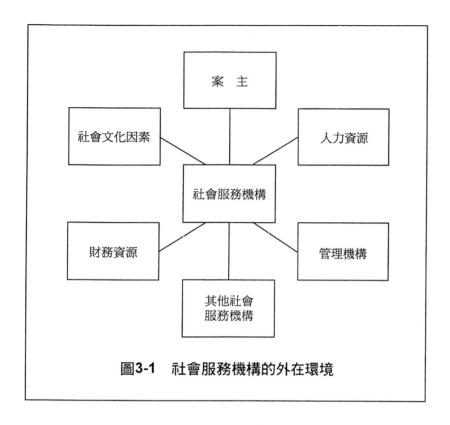

圖3-1　社會服務機構的外在環境

策與發展非法定的服務之能力。

・政府與規則體系扮演限制機構執行政策中的角色。

・組織間的關係對機構之服務輸送與生存能力的重要性。

・影響機構從政策轉化成方案的社會文化環境因素。

　　這一章將繼續討論在第二章一開始的大衛郡心理衛生中心
（簡稱 DCMHC），其分析角度從機構的內在環境轉移到外在
環境。華頓大部份的鎮民都是受雇於當地的木材公司，或以郡
為服務範圍的小企業，其他郡內的居民則擁有自己的小農地或
是開車到華頓去工作。大衛郡的居民是一個「有工作的窮人」

(the working poor) 的好例子：人民擁有專職的工作，但卻收入微薄，很少有人可以賺到貧窮線以上的收入 (Levitan & Shapiro，1987)。大衛郡的居民和官員對公共救助方案的受助者都持著悲觀的想法，而從失依兒童家庭補助津貼或其他公共救助方案獲得協助的人，則發現自己經常被社會孤立和侮蔑。

在「酗酒和家庭暴力覺醒方案」(Alcohol and Domestic Violence Awareness Act)變成法律後，一個私人營利諮商服務的社區復健中心，預期會有更多酒癮諮商服務的需求後，很快的便從鄉村地區擴展至整個州，使得社區復健中心被一個州外的公司所擁有。

讓我們來檢視社區復健中心與大衛郡心理衛生中心的外在環境因素，如何影響政策在機構內的執行與社會工作者提供服務給案主的能力。

潛在的案主人口

很多企業都是由原始材料來產出貨品，再讓批發商、零售商來向其購買這些產品，社會服務機構則是依賴潛在案主群的供給，來將政策轉變成方案。在這些案例中，政策創造出一個在立法未通過之前並不存在的潛在案主群團體，但新法案的通過，並不能保證案主會被轉介或對他們提供新的服務，例如，在「酗酒和家庭暴力覺醒方案」下，州政府會規定需要強制執行酗酒處遇服務，但如果轉介單位在調查一項婚姻暴力個案時，無法證明婚姻暴力事件的發生與酗酒問題有關時，案主就無法被轉介到這個服務方案中。雖然婚姻暴力發生在各個社經

階層中，但低收入與少數民族的個體則比較可能被轉介至訴訟或處遇中，這些案主也非常可能是由公立的大衛郡心理衛生中心來服務。

也可能發生相反的情形，即使在這個事件中酒精的角色仍是個疑問，如果社區中的警察和其他的人群服務機構的工作者，因為婚姻暴力個案的數量和沒有能力做任何具體的事來制止婚姻暴力的發生，而感到挫折的話，他們也可能把每個婚姻暴力的個案都轉介去接受處遇。在這樣的情況中，案主的人數超過能夠符合她們需求的服務。事實上，社會福利政策所要的服務水準如果沒有一個顯著擴展的服務輸送體系，就不可能提供一定水準的服務。

對大衛郡內因藥物濫用問題而被轉介接受評估與治療的案主而言，在轉介到社區復健中心之前，大衛郡心理衛生中心是一個缺乏競爭的唯一提供者，而且是公共機構。不管他們的社經地位或他們私人的健康保險項目，所有被轉介來接受評估的案主，都是被強迫到大衛郡心理衛生中心來尋求服務。然而在華頓鎮的社區復健中心，我們期待兩個機構之間有一些競爭。就如同在企業中，社會服務機構也會相互競爭來取得案主。如果有一些機構提供相同的必要性服務，每一個機構將會請求他人轉介，或利用宣傳來積極的找尋案主。

轉　介

在過去，社會服務機構依賴從社區的其他機構進行轉介，或經由對機構口語相傳的方式來獲取案主。在大衛郡，經由「酗酒和家庭暴力覺醒方案」下強制服務的轉介資源，包括：被警員逮補、郡立社會服務部門的工作者、私人醫師，或當地

的兒童福利機構工作者。一位社會工作者布萊恩，毫不猶疑的在每個資源間發展專業的連結。如此一來，轉介單位就極可能直接將個案轉介給大衛郡心理衛生中心的布萊恩，使得大衛郡心理衛生中心在爭取案主上有明顯的優勢。然而，做為社區公立服務機構也有其缺點；因此，在主觀的刻板印象內被認定其服務可能或不可能是真實的。在一個小鎮中，每個人似乎都知道每個人的事，如此案主可能就會抗拒從一個大家都認知的人之中（如布萊恩）接受服務。匿名在一個小社區中是一個相當重要的通則。

社區復健中心可能不會像布萊恩般在社區中建立轉介資源。當對一個機構所知不多的時候，就會發現警員、郡立社會工作師、醫師們在轉介案主給他們時會十分猶豫。另一方面，他們可能發現即使不知道服務的品質，人們會抗拒接受大衛郡心理衛生中心的服務，而比較願意接受私人機構的服務。能從私人健康保險獲得較優給付的個人，比較會先向社區復健中心尋求服務，因爲他們會認爲從私人機構中能得到較高品質的服務。

如此一來，爲爭取案主而形成的競爭情境也就出現了。如果案主基於私人機構比較好，及在私人保險給付項目內，能負擔起私人服務費用的人就會接受這些服務，而無能力負擔這筆費用的人（貧窮和接受公共救助者）將被迫去接受大衛郡心理衛生中心的服務。雖然在酗酒服務上，公立服務與私人服務沒有品質差異的證據，但是有時低收入家庭相信他們從公立機構得到的服務品質是在平均標準以下。

宣　傳

隨著私人營利機構的產生，轉介量就可能不足，如果在社區中是一個新機構的話，特別有這種情形。在很多社區中，爭取社會服務案主的宣傳越來越多，宣傳的花費往往都算在私人營利機構的成本中。因此，在很多方式中，宣傳使服務價格增長，針對可能的案主與轉介單位的地方報紙廣告、宣傳單、宣傳郵件，都可以有效的增加社區中現有可用服務的瞭解。經由宣傳的訴求，社區復健中心不需再去背負在華頓鎮長久以來對大衛郡心理衛生中心的刻板印象。一個人只需要去翻閱專業實務期刊，如《社會工作》，就可看到如圖 **3-2** 的廣告，就像商品銷售的宣傳，這些廣告意圖運用兼具專業與個人層次的方式，來誘發對一般轉介服務的興趣。

像大衛郡心理衛生中心的公立機構就很少做積極的宣傳以招攬案主。大部份的公立機構已經有可提供有效服務的大量案主群，而不需要再去招募案主。公立機構的宣傳型態，大多是以利用讓大眾知道該服務存在的公共資訊刊物為主，而不是去引誘人們來選擇參加某種服務。這些公共資訊廣告，大都是採用公共服務公告的形式，在另一章將再做討論。

因此，案主是社會服務機構外在環境的第一因素。案主對機構的認知，案主是如何被轉介來機構，和服務的真正或潛在需求，都會對機構在執行社會福利政策上產生強烈的影響，像「酗酒和家庭暴力覺醒方案」的政策，常會創造出在過去所沒有的案主人口。然而，除非有適當的專業人員可用，否則是無法提供服務給案主的。

一些兒童需要他人的協助來克服生命中的遽變

對於情緒障礙的孩童與少年，生命是迷惘與驚駭的。他們真正的潛力常常在暴怒中被隱藏而漸漸退縮，甚至受到了化學虐待。那就是為什麼年輕人需要一個專門為他們需求所設計的環境。

在 Cedar Crest，我們提供給全國兒童和少年高品質的庇護照顧。藉由精確設計的方案，我們為四至十七歲的孩童搭起一座朝向生產、健康生活型態的情緒橋樑。我們的多重專業訓練團隊經由雙重診斷、少年、青年的方案來共同合作，來協助受庇護者和其他的家人。我們也提供特殊的

性虐待、身體虐待、領養、與繼親家庭調適團體。

我們具時間性的申請文件，讓患者與專業人員在轉介過程中較為便利。當焦點在於臨床服務是否合適的促成出院計畫時，我們給予四十八小時的接受與拒絕的移交時間。

若要看我們是如何協助跨越全美的少年，請來電 1-800-888-4071，就可取得免費的錄影帶，給您和您的案主觀看。

Cedar Crest
庇護處遇中心
1-800-888-4071

圖 3-2 一個私人營利社會服務機構的廣告
資料來源：獲 HCA Cedar Crest 庇護處遇中心許可之再印製

人力資源

　　社會服務機構中影響社會福利政策執行的第二個外在環境因素，是人力資源之可用性，亦即提供服務給案主的工作者。專業工作者可以提高所提供的服務品質，並消彌一些組織環境中的敵意。如果社區中的成員認為機構內的工作者是有能力且具專業性的話，機構就比較會被視為能在社區中提供有價值的服務，且比較能降低對機構的敵意。如果潛在的案主覺得機構的工作者可以幫助他的話，他們心理上就比較能認為不被強制來尋求服務，並且會要自己在改變的過程中，做個積極的參與者。

　　個人踏進社會服務領域中，是受到想協助他人的欲望，對工作場所的興趣和允許他們工作環境中獨立作業所引發的。社會工作者是對專業而不是對組織承諾，使得他們和傳統企業組織中的受雇者大為不同(Mason，1984)。同樣的，企業和社會服務機構是大不相同的。因此，社會服務機構在招募和維持人力資源上所付出的努力，應強調這是可以符合個人興趣的機會而不只是優渥的薪水。

　　在計畫執行「酗酒和家庭暴力覺醒方案」，機構行政者必須評估很多因素。第一，他們必須在新法律下預期對服務的要求與可提供這些服務的工作者二者之間取得平衡。三百位酗酒新個案的評估與評鑑數目是不是太多？或現存的資源就已可供給這些服務？如果目前的工作者人數太少，影響聘用新工作成員的限制或機會是什麼？圖 **3-3** 是一個徵才廣告的例子，反映

```
┌─────────────────────────────────────────────┐
│          徵    才                            │
│                                              │
│     大學社工系畢業,有高度自動自              │
│  發之動機,在酗酒復建領域中有豐富經          │
│  驗,並且能提供給家庭暴力受害者處遇          │
│  服務。必須熟悉大衛郡的人民、資源、          │
│  社會文化環境,願意和抗拒社會干預其          │
│  個人生活的案主,以及在一個充滿敵意          │
│  的組織環境之中,工作時間長,薪水中          │
│  等。不在乎有偏見和缺乏社會支持的環          │
│  境,歡迎少數民族來應徵,需高度幽默          │
│  感。請與大衛郡心理衛生中心聯繫。            │
│                                              │
└─────────────────────────────────────────────┘
```

圖 3-3　徵求社會工作者的廣告,列出了真實的工作環境

實際的工作條件。

在一個理想的世界裏,機構只會聘用擁有最豐富經驗和最適合該工作學歷的工作員,然而,不論機構的最佳意圖(best intertsion),很少工作者能符合這些理想。立法上的強制性、社區內專業工作者的可得性、專業工會的要求,與機構的聲譽,都會影響機構工作人員的組成。

立法的強制性

新社會福利政策常意味著目前的人力自然會是多少,以便能將政策轉變成服務方案。聘任必要性工作者的過程,可能來自於兩個立法法案之命令:確保聘任人員時無歧視與最起碼資格要求的程序。

（一）無歧視

自一九六○中期，在面對婦女與少數民族反對歧視的抗爭下，產生強力的立法行動。分別通過一九六三年的「同工同酬法案」與一九六四年「公民權法案」第七條以預防性別與種族歧視。在一九六八年行政命令 11246 條（之後修定爲行政命令 11375 條）簡單的禁止歧視，變成目前眾所周知的優惠措施 (affirmative action)。優惠措施是明白指出組織內有種族與性別不平等現狀的積極做法。優惠措施計畫要求全部接受聯邦政府資助的機構，包括所有的公共和多數的私人非營利機構，必須確認出機構將會採取聘用婦女與少數民族的處遇步驟。優惠措施的哲學是，抑制白種男性的短期歧視，方能充分改正婦女和少數民族在組織中無法出頭的情形（ Weinbach ， 1990 ： 102 ）。

在華頓鎮的大衛郡心理衛生中心例子中，受到州政府補助的「酗酒和家庭暴力覺醒方案」之強制服務，其聘任抉擇照優惠措施的州政府要求，這些要求與大衛郡心理衛生中心執行的努力程度必須讓他們感到滿意。爲社會服務職位尋得夠資格的女性並不困難，因爲在專業領域中女性主宰了直接服務的職位。然而找到有意願且有資格的少數民族專業工作者，願意在都市地區或其族人團體居住處所以外的地方工作，將會非常困難。

（二）工作者資格

如果「酗酒和家庭暴力覺醒方案」需要工作者具有法定的酗酒和藥物濫用（ AODO ）諮商員資格來提供服務，這政策就指定了工作者的資格。除非他們符合法定酗酒和藥物濫用認可的最起碼要求條件，否則有很豐富經驗的社會工作者也無法被

聘用。

　　理論上來說，少數的機構領導者反對員工應具備如法定酗酒和藥物濫用的特殊資格，然而，優惠措施設立的良好本意與資格比例，在機構發現應徵者不具有這些資格時，就會讓如大衛郡心理衛生中心和社區復健的機構一樣陷在困難的立場上。

工作者的可得性

　　華頓鎮是一個小的鄉村地區，比較缺乏像布萊恩這樣合格、有能力的社會工作者。薪水低、該地區的孤立性、有限的工作升遷機會，使得要吸引合格的工作者到此鄉村地區工作顯得極度困難。鄉村社區可能會答應用實質的金錢，來吸引有資格的專業工作者。

　　員工的招募同時也呈現了社區復健中心的問題。如果社區復健中心把自己原先設在華頓鎮裏的員工帶來的話，可能就不會有什麼問題；但是如果他們用當地招募員工的方式，就會面臨到和大衛郡心理衛生中心爭取案主一樣的相互競取員工的情境。在傳統上，因爲私人營利機構可以給付較高的薪水，但他們也可能在社區中忽略專業才能。如果他們不能找到符合資格的員工來提供服務的話，社區復健中心就可能會被迫終止服務的輸送和離開華頓鎮。因此，服務品質和能不能提供服務，直接和社區中工作者的可得性有關。

專業工作者組織的工會

　　專業工作者的同業工會是另一個社會服務機構的人力資源環境要素。許多在公立或政府機構的社會工作者，是隸屬於有組織之勞工工會成員，如美國州立聯邦郡立自治受雇者

(AFSCME)。工會可能會要求聘用的新人必須能使資深員工滿意爲前提,或採用筆試的方式,以製造額外的障礙來保障工作者。因此工會要求的條件可能會限制機構招聘最符合工作條件者的抉擇。

機構的聲譽

　　機構運作的哲學觀會影響其運作方式,以及提供給案主的服務本質與品質,相同的,機構的聲譽會影響有興趣在此的那些人。依照 Mason(1984)的「自由心靈」(free spirit)的說法,許多追求彈性、創新、創造、多彩多姿的人,可能無法在私人營利單位或政府部門中良好的生存,例如,布萊恩是一個終年居住在華頓鎮的人,他已在這個社區中生根,並對改善大衛郡居民的生活有強烈的承諾感。他可能在公立機關中對某些方面工作感到挫折,例如,無窮盡的紙上作業、僵化的規則與條文,和保守的郡董事會,但在大衛郡心理衛生中工作卻是他的專業抉擇。他可能喜好民眾服務職業的保障,也沒什麼在公立系統中尋找主要改變的興趣。

　　然而其他社工人員卻選擇避開在公共部門中的社會工作實務,因爲僵化(comberson)的科層組織和狹窄的體系使他們毫無興致,他們比較可能被吸引到私人的非營利機構中。對這些工作者來說,較親和的管理、較彈性的利益、可給予創造思考的空間,是比公立系統所提供的保障更爲重要。還有一些社會工作者可能同時避開公立和私人非營利機構,而選擇私人營利機構,因爲這樣的機構能夠給予他更高的薪資。

　　社會工作實務從公立部門轉移到私人部門的傾向,是專業一直關心的(Abramovitz , 1986 ; Lewis , 1988 ; Stoecz , 1988)。

在很多方面，這些傾向和專業原本承諾協助貧窮者卻轉移到中產階級身上是相同的。不管那些在公立部門的工作者對協助低收入者的承諾感是否高於選擇在私人部門工作的工作者，但承諾感的程度卻可能是一個決定機構中社會服務工作者特質的因素。

人力資源的要素，對工作者的立法規定、工會、機構聲譽，對尋求必須的工作者以便將社會福利政策轉變成社會服務方案，可能是一個機會，也可能是一個阻礙。

機構的經濟與財務環境

對新進社工員來說，機構外在經濟或財務環境可能是最熟悉的外在環境因素了。社會工作實務工作者正確覺察基金可使用的方式，會直接影響他們提供案主服務的能力。

找到足夠的財務資源來生存，佔據了機構很多時間與精力。機構的行政者必須對國家與地方的經濟夠敏感之外，並要明瞭這些經濟狀況對由稅收和捐獻給人群服務之可用金額數量的影響。機構行政者必須遵循立法對機構預算分配的規定，以防一旦立法成功地變成法律。最後，他們必須代表機構及案主藉由當地的基金籌募組織來找基金。

地方經濟

機構所在的社區之經濟對機構運作是一個強大影響力。公立機構依賴稅收，其所收的稅賦與年度預算有直接的關係。在一個繁榮的地方經濟下，企業繳付的稅賦和創造的工作，使人

得以有工作和納稅。在這樣的社區中，人群服務的收入將高於一些企業較不興盛且受雇率較低的地區。

地方經濟的健全度也會影響如組織的志願捐助、聯合勸募協會。當個人對自己的財務狀況不確定，且擔心自己的受雇穩定性時，他們就比較不可能有慈善捐獻。當失業率高的時候，聯合勸募協會就比較無法透過組織員工，來舉辦有計畫的競銷活動，且人們沒有多餘的錢。在華頓鎮，地方木材公司和中小企業的健全性就會直接影響稅賦年度總收入與慈善捐款。

地方經濟的狀態在很多方面上，會提高或減低對華頓鎮公立或私人機構對服務的要求。酒的消費量或婚姻暴力經常都會和地方經濟的狀況有關聯性。

當個人有工作並能扶養其家庭時，他們會比失業者較不常用喝酒來紓解鬱悶和挫折感。我們可以假設較不喝酒會導致較低的婚姻暴力發生率，而通常發生婚姻暴力也是一種鬱悶和挫折感的象徵。這也就是為什麼在低收入地區經常會同時存在酒精濫用與婚姻暴力問題的原因了。有一條鐵的定律：在擁有最大需求的社區中，通常只會有最小量的服務資源可用。

預算分配

預算分配是將所有的金錢分配給預定的社會福利政策來發展和執行。在「酗酒和婚姻暴力覺醒法案」的案例中，讓我們假定給這個法案的預算有兩個部份。第一部份，有一部份的預算是設定分給所有的心理衛生機構，如大衛郡心理衛生中心，用來補助個人在公共醫療保險方案中的服務費（例如醫療協助與醫療照顧），或補助一些沒有私人保險的人。醫療救助與醫療照護並不給付酒癮評估的費用。換句話說，大衛郡心理衛生

中心已設定一部份的可用基金，第一年依服務需求計畫來執行方案。如果服務的要求超出現有的資金範圍以外，大衛郡心理衛生中心可以向州政府請願以獲得更多的金錢，或是在其他的方案中要求重新分配以給予更多的基金。

第二部份，州政府有提供一部份的費用給向公立部門以外機構（例如社區復健中心），或向華頓鎮私人兒童福利機構尋求服務的個人。然而這些機構必須支付有私人保險的人之服務費用的催告信函花費。私人保險公司會決定他們要為此服務費用給予多少程度的保險給付。只要在服務要求沒有超出分配到的金額，這樣就可以良好而長久的運作下去。

然而，對一項社會福利方案之預算分配，只是社會福利機構經濟環境中的一小部份。在求生存的利益中，即使是一個法定方案，大部份的社會服務機構不會只依賴單一的財務支助來源。

資源的多樣化

在所有的機構活動中只依賴單一的收入來源，對社會服務機構來說是很危險的，特別是私人非營利與營利機構。傳統的企業很少只依賴單一產品的收入來生存，大部份的企業，與愈來愈多的社會福利機構是依賴多樣化的資源。也就是說，機構尋求多種生存的收入來源，將機構運用單一來源的傷害減至最小。多樣化的資源不僅將財務風險降到最低點，也能協助機構在社區中發展更多的擁護者，贏得社區的好感、增強社區對機構的認同感（Kramer，1981）。

大衛郡心理衛生中心的年度財政預算是同時依賴州政府與郡部門。因為它是一個公立機構，被禁止尋找非稅收之外的其

他收入來源，這項強制規定對公立部門來說是相當獨特的。如果分配給「酗酒和家庭暴力覺醒方案」的基金不足以支付服務需要的數量時，大衛郡心理衛生中心就被限制要有些放棄，要拒絕對潛在的案主提供服務，或不得向州政府請求其他的資源。這種資源的無法多樣化限制了大衛郡心理衛生中心籌措基金的可能性，並且也將他們的案主置於一種朝不保夕的狀態中。

私人機構可以取得較多的基金來源，但他們的基金來源會比年度稅收來得較不穩定。私人機構可能會從購買服務合約、服務收費、案主的保險給付額、社區募款團體（如聯合勸募）的分配、機構內的財產管理單位、機構募款活動、捐款、會員會費等方面來尋求資源。機構的資金來源愈廣泛時，一旦其中一個來源失去後，就愈不會讓機構瀕臨瓦解。而私人營利機構則可能會尋求購買服務合約、服務收費、和保險的給付。私人營利機構並沒有資格接受來自於聯合勸募的社區基金補助，**表3-1** 是一個在華頓鎮的兒童福利機構如何使其資源多樣化的例子。

(一)地方性基金的籌募

私人非營利機構，如華頓鎮的兒童福利機構，除了收取服務費或政府補助以外，大概都會積極主動的投入籌款活動中。這些活動用很多不同的形式來進行，最常用的方式包括：參加單元性資金籌募活動，或從地方聯合勸募協會中尋求資金。

由於政府對社會服務的資源補助減少，私人服務機構必須要比過去舉辦更多的募款活動。根據 Kramer(1981)的調查，私人非營利機構志願人員最多的活動是募款，並變得非常制度化，使得機構的服務目標有時會被轉換掉。假如私人機構發起

表 3-1　非營利社會服務機構之多樣化資源的例子

大衛郡兒童福利的收入來源

來　　　源	數　　　量
大衛郡的聯合勸募	$ 100,000
大衛郡的服務合約的購買	150,000
「酗酒和婚姻暴力覺醒法案」($ 50,000)	
領養照顧處遇($ 25,000)	
不幸家長方案($ 75,000)	
服務收費	25,000
私人收費($ 6,250)	
私人保險($ 6,250)	
醫療救助($ 12,500)	
會員募款	5,000
基金補助	10,000
個人慈善捐款	5,000
兒童的 Walk-a-Thon	5,000
總機構收入	$ 300,000

一個募款活動的話，所有消耗掉的資源可能幾乎會與員工和機構的產量一樣多（Mason，1984）。而當地方的經濟薄弱時，市民也比較不會有大筆的捐助。

　　像聯邦募款組織一樣，聯合勸募協會是努力為多數的社區機構發展統一集中的募款。聯合勸募會為一些特別的會員機構來組織和執行募款活動，會員機構接受募得款項的分配。分配是基於聯合勸募協會所認定的優先順序。理論上說來，統一集中募款能將把社區中進行的獨立募款活動數量產量減少，並促成更有效的募款。

(二)資金的再分配

對公立和私人機構來說，用某一方案剩餘的基金來填補另一方案是一件尋常的事，這是另一個讓資源多樣化的方式。例如，社區復健中心近來獲得當地一家木材公司的購買服務合約，以提供工業社會工作服務該公司的雇員。如果提供諮商服務的花費少於與該木材公司的支付費用的話，社區復健中心的管理階層可能就會決定使用多餘的基金，來補貼「酗酒和家庭暴力覺醒方案」服務的花費。工業社會工作或是酒精評鑑方案都無法為機構獲利，但他們也不會讓機構虧本，這就是社區復健中心發展自己在社區中的定位時可能會願意去做的讓步。

機構內的基金再分配，同時給予營利和非營利機構一個公立部門無法擁有的彈性度。但它們的弱點就是當它們無法向州政府請願以獲得更多的額外基金時，是不是就得在負債的狀況下來運作。

機構間的關係

已被討論過華頓鎮的機構好像是相互的在彼此競爭著，然而，分配給「酗酒和家庭暴力覺醒方案」服務的資源不足，可能需要大衛郡心理衛生中心、兒童福利機構、社區復健中心設法來共同工作。透過機構間的關係，在最佳利益下機構協調彼此的活動。

機構間的合作狀態

Neugeboren(1985)和 Reid(1965)指出遵循以下四個條件，

能讓機構達成工作上的協調，以便將服務量最大化，且將服務重疊的情形最小化：

(1)志願參與：社區中的機構必須願意共同工作，並覺得以每個機構的最佳利益共同合作。倘若州政府在違背大衛郡心理衛生中心、兒童福利機構和社區復健中心的意願下強迫他們共同達成一個合作協議，果真如此，則在協調上就會非常困難。

(2)機構自主：所有參與協議的機構，必須相信他們將被允許在提供服務的自主性，與機構運作政策和哲學觀是一致性的。公立機構視為政府單位，並且被要求保持詳細的記錄以便評斷其開支的合理性；私人兒童福利機構可能會對有兒童的家庭最感興趣，而對膝下無兒女的夫妻較不感興趣，這就與其機構的目標相當一致；而社區復健中心可能會對規定服務比率感到憤慨，此也與其營利的動機相符合。

(3)目標共享：Neugeboren(1985) 和 Reid(1965)說明機構間的合作，只有在合作的機構間擁有共同目標，才有可能將衝突減到最低的情況。公立部門與私人部門各有不同的目標，一個公立的大衛郡心理衛生中心機構，其存在是為了滿足社區居民公共法定的服務需要；社區復健中心可能也有其服務目標，但其營利的動機會直接影響其提供服務的質與量。

(4)相互補充資源：「相互補充資源」一詞是指機構在彼此的利益下相互交換資源。如果一個機構認為交換會使其他機構獲得比自己更多的利益，那機構間的合作

就注定要失敗的。

形成聯盟

乍看之下，聯盟要進行之條件似乎不太可能達到，例如在「酗酒和家庭暴力覺醒方案」的例子中，機構差距太大，可能會難以合作。競取案主並不見得都是負面的，但機構必須能預料競取與擬定獲得預期案主數量的策略。如同前面曾建議的，大衛郡心理衛生中心可能會贊同社區復健中心儘量提供酒精評鑑服務，以便讓他們的工作者有空檔來提供其他的心理衛生服務，或是三個機構形成一個聯盟的話，才能決定如何有效使用有限的預算。機構聯盟是機構間為特殊議題而做的短期協議。在形成聯盟時，機構既不會放棄自己的特殊專長領域，也不會和其他的機構買賣自己的服務(Reisch，1990)。他們可能會同意如何相互區分處理一特殊社會問題的責任歸屬，例如，在「酗酒和家庭暴力覺醒方案」的法定酒精評鑑上。

讓我們來看看這是如何運作的。機構執行長開會並決定大衛郡心理衛生中心是最適合處理轉介來的低收入和老人案主，因為公立機構可以得到特別為這群人口所設計的州政府基金。兒童福利機構可能同意同時提供低收入和中產階級家庭兒童的服務，特別是含有兒童虐待或疏忽的婚姻暴力個案，這些案主群與機構服務各經濟階層家庭兒童的任務是一致的，他們可以藉由寄發私人和公共保險的帳單來取得資金，以提供服務並得到服務津貼。社區復健中心可能同意為無子女的夫妻或擁有私人健康保險的個人提供服務。在這個案例中，每一個機構都同意將其對案主群的努力，集中在符合機構目標和領域一致的焦點上。

這樣的安排是一種提供服務的三階取向（three-tire appoach）。在這樣的安排下，三個機構間的服務品質可能會有所不同，而且案主可選擇服務的機會也被排除掉了。在全部三個設備的服務品質可能會因彼此間沒有競爭而下降或三個機構可能會將其精力集中在提供服務上，而不是爲了獲得案主而去競爭。社會服務的競爭能鼓勵機構在合理的成本下提供高品質的服務，然而，爭奪案主和資源的精力會比提供服務所花的力氣還要多。

在將社會福利政策轉換成社會服務方案的過程中，每一個社會服務機構會涉入跨機構間的關係。即使機構無法符合成功協調的四個必要因素狀況，在資源有限下，來投入任何社會問題時，仍然需要機構間的相互合作。在其他的例子中，衝突的目標、失去機構自主性的恐懼，和不平等資源的再分配，都會使機構間的合作完全不可能。

和管理機構的關係

社會服務機構外在環境的第五個因素是和管理機構的關係。管理機構是影響政策執行方法的政府組織。公立和私人營利或非營利機構的社會福利政策執行，是被一些複雜的程序要求，如行政管制（administration regulation）所影響。行政規則制定過程和政策訂定過程一樣需要許多的妥協，機構在政策上的焦點被轉移到政治方面，就澄清了其妥協的原因所在。

授權原則

聯邦和州政府的立法本體只提供對社會政策的一般指導原則，如果立法本體被強迫認定在執行政策時所有必要的狀況能夠變成法律，社會政策就不多了。因此，聯邦和州政府同時都是在授權原則下來進行立法的，授權原則允許法律僅是預定政策的概括性架構。方案執行的特殊規定和程序的形成，都受到行政機構的授權。在聯邦政府的層級，行政機構就是衛生與社會服務部（DMHS）；在州政府的層級上，行政活動則是由社會服務部的相關州政府機構或州政府行政部授權。

預期和非預期的規則制定

行政規則的制定往往是可以預料的；也就是說，它引導機構未來關於對案主的政策關係行動（Helms， Henkin，& Singleton，1989）。大部份的州行政機構使用有專長的工作者來認可一組暫時擬定的規定和條例，然後再由機構、案主和服務提供者提供聽證和書面溝通以做為公眾意見，在被正式的接納之前，這些初步的規定都必須再做調整。

有時，州所管控機構可能被裁定要去制定政策。依據法定或行政優先權來裁定政策制定，將引導未來的走向。而地方、州和聯邦法庭系統就是裁定組織的最明顯例子。執行「酗酒和家庭暴力覺醒方案」的特定規定和條例是衛生和社會服務部所設定的，這些規定讓警員、社工員、教師與其他轉介機構具備公權力，要求被告者到社區服務機構尋求評估和處遇。這些規定要求個人被知會可以選擇接受任何機構評估和處遇之權利，並被知會該機構的設施與推薦。這些行政管制讓他們自願合作

尋求評估，以及在警察和大衛郡心理衛生中心的支持下，提供轉介機構給非志願案主來尋求服務。這些行政管制是可預期的——他們期待方案該如何被執行，並給予機構提供服務指導原則。

然而，如果案主公開表示有違反行政管制時，衛生和社會服務部（DHSS）就會執行裁定機構的功能。州的衛生和社會服務部門將會判斷機構或案主的活動是否違反行政管制的標準，例如，案主負擔得起費用之後，如果大衛郡心理衛生中心的布萊恩沒有告知案主可以到社區復健中心尋求服務的權利，案主就可以為其所受到的冤屈要求舉辦行政聽證會（administrative hearing）。行政聽證會是一個行政機構代表討論案主或機構之間意見相左之處的會議，行政聽證會並不是一個法庭聽證會，但卻給予雙方在無需正式的法定行動下處理差異的機會。在行政聽證會中做成的決定也擁有法定約束力，但仍需經由法庭再度的審視。

雖然必須遵守機構建立的行政管制和條例，但大衛郡心理衛生中心是衛生與社會服務部的一個左右手。在處理因「酗酒和家庭暴力覺醒方案」而轉介來的案主時，因在那些部份的服務是由州政府機構付費的，所以，社區復健中心和兒童福利機構必須隨時注意州政府機構的規定和條例。他們也必須注意任何私人健康保險公司對服務付費的規定和條例。如果機構未注意到這些規定時，便會停止支付服務費用，使機構被排斥於門外。

行政規則經常會和機構的政策與程序或社會工作專業價值和倫理相衝突。「酗酒和家庭暴力覺醒方案」中的要求就是一個好例子。社會工作專業高度重視案主自決原則，認為案主有

　　如果你認為你在申請醫療救助時受到不公平的拒絕、或未受到即時的處理，或你相信你的利益被不合理的中止、減少時，你都可以向州衛生和社會服務部訴請公平聽證會。

　　如果你的優先權（Prior Authorization）申請被拒絕時，你也可以要求公平聽證會。

　　訴請公平聽證會時需到你的當地郡或部社會和人群服務部辦理。如果你申訴行動之前被中斷、延遲或減扣服務權益，仍然會持續到聽證會做決定之後才定案。

　　此訴請將會在提出申請後的四十五天內舉辦，聽證會的地點將會在你所居住的郡中舉行。

來源：威斯康辛州人群和社會服務部 (1 月，1991)。威斯康辛醫療救助方案：義務和利益 (pp.17-18)

權對他們的生活或社會服務機構的任何介入做選擇。「酗酒和家庭暴力覺醒方案」的評估和評鑑是法律強制規定的，對個人或他人虐待的處遇是無法依案主自決原則來看待的。但在一個家庭中，酗酒之後發生的事將被視為發生家庭暴力的前兆因子嗎？如果一個人並不想要接受處遇，且沒有虐待事件中的成年受虐者提出犯罪指控，社會服務機構，甚至州政府，能要求被認定有酗酒問題的人必須尋求處遇嗎？州法律能要求專業用違反個人意志的處遇來對待他嗎？

　　機構管制在機構將政策轉換成服務給案主的變數上發揮極重要的功能。然而，社會服務機構得經常面對因法律和條例與專業倫理，或與協助不合作案主的現實相衝突，而引發的倫理兩難狀態。

社會文化環境

　　機構所在的社區倫理、經濟、社會和文化特質構成社會文化環境。機構的生存受到機構對那個環境瞭解的能力，以及將環境所呈現的機會充分運用的影響。社會文化環境的提倡即是社會工作之人在環境中觀點的中心思想，人是他周圍世界之產物，同時也會積極參與其所在的世界。

　　社會文化三個面向不只影響政策如何被轉變成方案，也影響了機構如何在社區中生存。這些面向是社區價值對機構目標的影響，社會文化價值對接受服務之案主的影響，機構所在社區的財務與社會支持，更影響機構對其社區的依賴程度(Hasenfeld & English，1977)。

社區價值與機構目標

　　大衛郡心理衛生中心的布萊恩從經驗中得知，大衛郡的居民非常的獨立，一部份是歸因於他們的傳統，一部份則是來自於因為他們有自己照顧自己的承諾感。經常，對違規飲酒的未成年者和過度飲酒取樂，加上「男人有時得管教老婆」的態度，就會使得一些居民接受婚姻暴力也是一種生活方式。大部份的人不信任好管閒事的專業人員來評斷他們自認為是家務事的事，除非他們受到公共救助。很多大衛郡的居民相信如果他們接受福利，納稅者就會有權利來告訴他們該做些什麼；如果他們不接受福利，就沒有權利來干涉他們該如何來過自己的生活。包括接納酗酒是生活的一部份、自我滿足和獨立的態度，

和抗拒專業服務介入人民生活等社會風氣，都是大衛郡社會文化風氣的所有組成要素，在服務送到最需要者的身上之前，所有這些要素都必須先被指認出來。

　　為了提供「酗酒和家庭暴力覺醒方案」，需要先為大衛郡居民準備一個強有力的教育方案。對自力更生和家庭重要性的品質訴求，將可能比採用法律強制方式產生合作的案主群。在案主加入這個服務前，必須先做好強力保證其隱私和保密的工作。大衛郡的居民必須在許多方法中，重新檢視自己的社會文化價值以接受新的法律。雖然在鄉村地區的機構，或許能成功地用攻擊的技巧，並要求案主接受服務，但在大衛郡可能就必須採取較有計畫的步驟，先將焦點放在教育上，之後再放到志願接受評估與評鑑上。在本質上，社區價值將會塑造大衛郡心理衛生中心、社區復健中心，及私人兒童福利機構方案中的目標。社區的價值是會限制機構的行動(Hasenfeld & English，1977)。

案主價值

　　案主是機構的原始材料，一個政策可能會在那兒，但若沒有案主的話，政策是無法被執行或提供服務的。「一個組織的成功是緊繫於給予案主滿意的能力——案主就是消費者」(Wallendorf，1979：116)。如果大衛郡心理衛生中心和社區復健中心對大衛郡的社會文化環境不敏感，認定法律就是法律，且不在乎當地的居民在想些什麼的話，他們就會遇到很多的麻煩。轉介來接受評估和評鑑的案主是其環境下的產物，他們與社區密不可分的關係是不可能被漠視的。自我滿足和獨立的價值是社區的特質，也同樣是前來接受服務之案主的個人特質。

資源依賴

　　如果機構和社區對立，案主和資源將會很難從社區中冒出來，且機構的生存也會很艱難。社會服務機構需要所處社區的資金和案主的惠顧，但社區可能並不需要去贊助機構。在很多方面，機構是在社區的意願下存在的。任何組織的主要目標都是要求生存。財務支源和案主參與是社會服務機構最主要的生存因素。

實務工作者的觀點

　　社會服務機構的內在和外在環境已在**圖 3-4** 做說明。這些因素混合起來決定了社會服務機構的政策，是機構日復一日運作的基礎。不管實務工作者對個別案主的評鑑和競爭程度如何，所有的決策和提供給案主的服務都是決定於這些因素的機會和限制。如果潛在的案主沒有意識服務的存在，或沒有被轉介到願意接受他們的機構時，服務是無法被提供的。如果機構的工作者人數不夠，或未受過適切的訓練，就無法提供良好又有效的服務。況且如果對服務要求超出被分配到的資源時，實務工作者和機構就無法對服務方案想要服務的案主提供服務了。

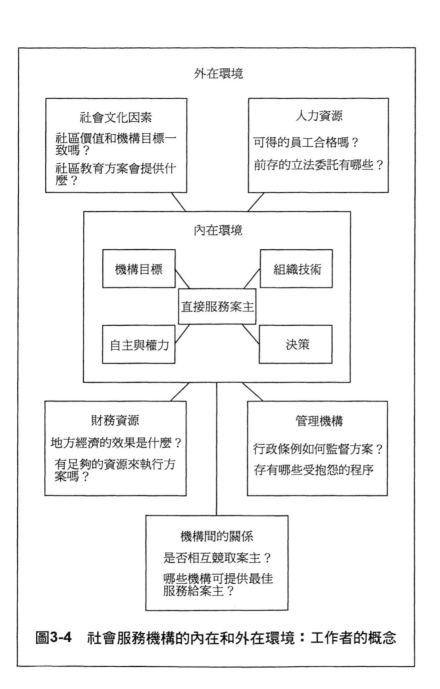

圖3-4　社會服務機構的內在和外在環境：工作者的概念

外在環境

社會文化因素

社區價值和機構目標一致嗎？

社區教育方案會提供什麼？

人力資源

可得的員工合格嗎？

前存的立法委託有哪些？

內在環境

機構目標

組織技術

直接服務案主

自主與權力

決策

財務資源

地方經濟的效果是什麼？

有足夠的資源來執行方案嗎？

管理機構

行政條例如何監督方案？

存有哪些受抱怨的程序

機構間的關係

是否相互競取案主？

哪些機構可提供最佳服務給案主？

摘　要

　　對社會福利政策與方案的研究，比指認政策是如何與在哪被制定的研究有更多的涉入。它必須涉入瞭解政策執行的脈絡環境——也就是說從一般的聲明轉換成特定的服務給案主，此脈絡環境也就是社會服務機構。在期待之下，所有的社會工作者將會在組織設置下工作，而大部份的組織設置就是社會服務機構。機構存在於由工作者、案主、財政、政府、跨機構間，以及社會文化因素所共同組成的複雜體系中，這些因素決定了機構提供服務給案主的能力。直接和間接說來，這些因素影響了社會工作者能為案主做些什麼。瞭解機構的外在環境後，就說明了為什麼立意甚佳的社會福利政策在最終被執行之前會有重大的轉變。

　　在第四章會描述美國社會福利體系提供許多不同的服務。如同大衛郡立心理衛生中心強烈受到社區的社會文化特質所影響一樣，在這個國家的主要社會福利體系被競爭和衝突的社會價值所影響。我們目前的體系清楚地是由認定政府應扮演提供服務給公民的角色，以及國家對強烈個人主義的哲學性認同，此二者之間持續衝突下的產物，我們將在第四章中看到。

問題討論

1.請為社會服務機構的外在環境下定義，哪些因素組成了其外

在環境？

2.我們的傳統都認為社會服務機構控制了案主，請描述案主如
　何成為控制機構的外在環境因素？

3.私人營利社會服務機構經常會對外宣傳他們的服務，這些廣
　告的訴求對象是哪些人？

4.你曾看見任何完全不相同的看法存在於勞工組織目標和社會
　工作專業目標之間嗎？

5.地方經濟的健全度如何影響社區中社會服務的要求和可得
　性？

6.請討論機構間的關係如何使機構獲得利益，且在何時讓機構
　利益受損？

7.可預期和不可預期的規則制定間有何差異？

8.社會服務機構的社會文化環境是什麼？請描述在你的社區中
　重要的社會文化因子有哪些？

建議作業

1.如果你所在的州有類似於「酗酒和家庭暴力覺醒方案」（或
　可逮捕婚姻暴力個案的法定權），找出這些方案如何運作。
　誰轉介案主來接受服務？公立和私人機構提供了大多數的服
　務嗎？影響機構提供服務的外在環境是什麼？

2.收集公立和私人社會服務機構所做的宣傳例子。你認為這些
　廣告的訴求對象是誰？有效嗎？

3.請與你社區的社會服務機構執行領導者或人事領導者訪談：
　機構如何招募人員？他們的法定優惠措施是什麼？在挑選符

合資格來提供服務的工作者時遇到了什麼問題？

4. 請訪談你社區的聯合勸募協會負責人，去瞭解是如何分配募得的基金。聯合勸募協會如何受地方或國家經濟的變動所影響？

重要名詞與概念

行政聽證會　administrative hearing

行政管制　administrative regulations

優惠措施　affirmative action

聯盟　coalition

授權原則　delegation doctrine

資源多樣化　diversification of resources

聯邦募款　federated fund-raising

組織　organizations

人力資源　human resources

機構間　interorganizational

關係　relationships

有工作的窮人　working poor

第四章
當前的社會福利制度：
方案的運作

在美國批評社會服務已經成為一種普遍的活動，有時似乎也是一種全國性的消遣。事實上某些全國性的消遣，它的參與者包括各種種族、教條及意識型態。最常這麼做的人，即保守的政治家，他們抨擊傳統價值的服務和案主承諾，認為服務無法滿足他們的需求；某些時候社會工作員也會關心他們能為案主做什麼的一些限制，且對他們的工作環境時常感到挫折；而各種理論家，極力主張社會服務是具破壞性的，因為它們會摧壞我們的基本價值，而這些主張社會服務具有破壞性的人，是因為他們支持這些基本價值。

——Jeffrey Galper, 1975, p.1

蓋爾普指出，在這個國家裡，似乎沒有人對社會福利體制感到愉快，或許沒有一個主題比社會福利體系從它的批評者和支持者產生更多情緒性的反應。許多針對目前體系的敵意，是來自對政府在社會服務中角色之社會性矛盾情緒。有些民眾感覺到政府過度涉入人民的生活且所費不貲，有些人則認為政府的方案在滿足窮人基本需求上還是不夠的。某些納稅人堅持社會福利方案灌輸了傳統美國辛勤工作、堅固家庭生活及獨立的價值。但是仍然有部分的人提醒我們，目前的方案不管是破壞性的或是維護基本價值的，都取決於是誰在批評這個制度。

社會福利仍具有殘補形式的特性，這可由維持所得及社會服務是暫時性的作法看出。它只是一種短暫幫助個人的方法，直到家庭及市場機能恢復功能，再使人們能滿足需求為止。這種態度說明了美國社會福利制度著重在職業及工作訓練。若我們能協助人們找到工作，使他們自立更生，就可以終止社會福

利服務。只要社會福利服務的角色被視爲是暫時的，烙印就會時常伴隨著那些服務的受益人。烙印源自於擔心人們變得很自在的接受政府的福利服務，而使得他們沒有動機去獨立照顧自己。

美國在經濟大蕭條之前，服務輸送集中於私部門，一九三○到一九七○年代開始轉到公部門。如同本章所要表明的，美國經濟高度工業化的特性，便暗示了以一個制度式的做法提供社會福利服務，將是滿足民眾需求更有效果、效率的方式。然而，個人主義的持續性影響及反對政府從殘補式走向制度式的制度，都更顯示出美國逐漸朝向社會福利制度的私有化，也就是說走向更殘補式的路徑。

具言之，本章討論的內容如下：

· 美國福利服務的兩大提供者：政府及私立社會服務機構的比較
· 討論營利性社會服務機構的出現及其在現代社會福利的角色
· 美國社會福利體系的特性，在社會及經濟服務上呈現支離破碎的情況

政府及私有部門的社會服務

美國社會福利殘補式體系的主張，政府不需提供所有的社會服務，因此公立機構及私立機構得以並存。本章所描述的私立機構包括營利與非營利機構，美國社會服務的提供者被定義

社會服務機構：公立或私立組織都可以提供社會或經濟服務給有需要的
　　人們，公立機構是政府組織的一部分；而私立機構是從公立機構中分
　　離出來的，並且也是非營利的組織。
私立的營利社會服務機構：社會和健康照顧服務的提供者，其經營採取
　　營利性質，通常需付費給組織中掌握財政利益的董事及股東。
美國健康及人群服務部：聯邦內閣部門管理所有聯邦的收入及公共健康
　　照顧方案。健康及人群服務部部長直接對總統及國會作報告，他們也
　　管理所有州的社會服務部門。
社會安全行政：聯邦政府機構在分配所有的社會保險給付。這個機構保
　　存工作者貢獻於社會保險基金的記錄，當他們退休、變成殘廢，或失
　　去負擔家計能力時，即分配金錢給他們。
郡社會服務部門：郡的公共福利機構，提供經濟和社會服務給所有居住
　　於本郡的民眾。

在**專欄 4-1**。

公立機構

公立社會服務機構最主要包括地方性的公立福利部門，或
州及郡經營的醫院和機關。這些機構部分屬州政府，部分屬地
方政府，州及地方政府官員的選舉與任命，是由這些決定政策
的機構來作行政上的決定。

如**圖 4-1**，政府機構的行政結構是很複雜的，所以若是聽
到社會工作員與案主抱怨政府機構麻煩的官僚體系，並不會令
人感到驚訝。

健康和人群服務部（DHHS）是一個內閣部門，直接隸屬
於美國總統。美國的健康和人群服務部分成許多地區性的部
門，每一個健康和人群服務部負責幾個州。每一州對地區性的

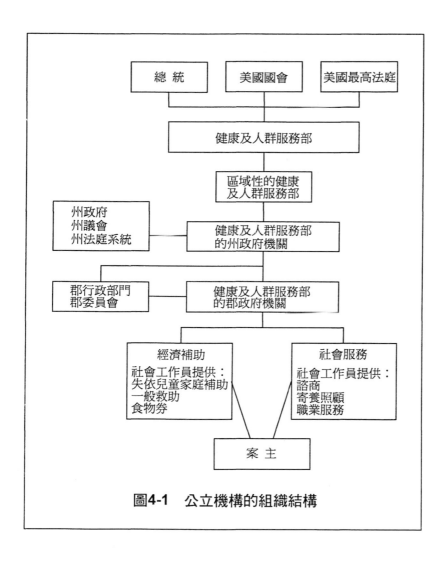

圖4-1　公立機構的組織結構

健康和人群服務部部門、州政府及州議會負責，這也就是爲什麼公立機構被視爲是聯邦與州之間的夥伴關係之緣故。公立機構的經費部分來自於州提供補助，部分來自於聯邦補助。因爲這兩種政府層級捐助稅金給公立機構運作，因此他們同時會某種程度參與公立機構，以及對該如何經營有某些投入。

許多州再將郡劃分成行政區域，同樣的，健康及人群服務部也是將郡分爲許多行政區域。每一個郡有自己的社會服務部門。在公立機構，真正的「老闆」是郡政府與健康及人群服務部。

　　藉著立法，公立機構被要求須提供下列服務（Compton，1980：501）：

(1)經濟補助方案：包括失依兒童家庭補助（失依兒童家庭補助津貼），一般救助（General Assistance，簡稱GA）及難民補助。

(2)醫療補助：對於低收入個人及家庭的健康保險方案。

(3)社會服務：例如諮商和寄養照顧。

(4)兒童福利服務：如保護服務、寄養照顧、領養與未婚懷孕少年的服務。

　　這些機構服務的品質與數量受到地方政府或州政府補助金額數目的多少所影響。公立機構是完全依賴納稅人的錢來提供服務，這也就是爲什麼各州公立機構的服務有所不同的緣故。稅收較高的州，可能有更多的資金可以應用於社會服務；比較窮的州，則可以運用於人群服務上的錢也比較少。

（一）公立機構的優勢

　　雖然公立福利機構在社區中聲望常不太理想，但他們確實有許多有利的條件。首先，公立福利機構是具有普遍性的。也就是說，理論上來講，在美國公立社會服務是任何人、在任何地方有需要時都可以利用的。無論如何，接受服務肯定比聽起來要複雜得多，接受服務的標準每個郡縣也都不同。在某些郡，需要透過法院的手續才服務。其他的郡，服務的申請與領

受是簡單與及時的過程。通常，每一個郡有自己的社會服務部門。在鄉村和偏遠地區，許多郡也聯合起來建立一個多元化的社會服務部門。

其次，公立機構是由稅收來支持；因此，他們不需要依賴自願性的募款（volumtary fund-raising）。雖然公立機構的預算可能隨著稅收的數目及郡政府的優先順序提高或減少，但是一般來說，比起私立部門要依賴私人的捐款，公立機構的資金比較穩定。

(二)公立機構的缺點

雖然公立機構具有普遍性及稅收支持的財政基礎，但他們卻為許多問題所困擾著。公立機構的科層結構其大小及複雜性，或許是提供案主需求服務時最令人挫折的問題。就像所有的科層體制，公立機構受到嚴格的規則及階層結構所支配，並不允許彈性的方式處理個人的問題。案主在接受服務之前必須先完成申請表格之填寫，而這個表格通常是長而複雜的，對於不能讀或寫的人來說，申請時會產生嚴重的障礙。此外，在公立機構的社會工作員已經被這些複雜的規則及規定所束縛，這也使得他們的工作更加艱困。

公立機構另外一個缺點是他們沒有能力思考個案的個別性，經濟補助的給付是根據家庭的大小，或是他們居住於都市或鄉村而定。補助金額的規定是根據公式，計算家庭在食物或居住上的花費。這種非個人的途徑對於遭遇特殊狀況的家庭並沒有其他規定，如家庭成員特殊的飲食需求、兒童托育的需求，或是案主尋找工作的交通費用等。

公立機構及一般公立福利體系的最後一個缺點是將那些接受服務的人印上烙印（Johnson & Schwartz, 1991：11）。藉著

刻板化，公共救助的受益者就成爲「生活在大眾的施捨中」、以及「福利的寄生蟲」。社會對必須依賴公共救助人們的真正需求已經變得不敏感，這些刻板印象造成人們對公共救助受益者的偏見等。

私立非營利社會服務機構

在美國有超過八十萬個非營利機構，提供服務給中低收入人口、身心障礙者、犯罪者、老人和兒童（Corman，1987：101）。其他的私立非營利機構則提供社會和娛樂服務給團體或社區，而不提供個案的服務。

私立非營利機構可以是宗教團體（也就是說，與組織性的教會有關），也可以不具有教派性質（也就是說，由沒有宗教關係的非政府團體所經營）。組織性教會在助人過程上有一段長遠的歷史。事實上，社會福利的早期歷史，教會是服務唯一的提供者，對孤兒、寡婦、殘障者以及老人福祉的關心是耶穌基督傳統很重要的一部分。非教派、私立非營利機構則發展出其他的服務，大部分私立機構提供諮商、領養、特殊化的寄養照顧，以及單親家長服務，但並未提供經濟補助，他們的經濟補助是公立機構的責任。

大部分私立非營利機構有一個自願性的董事組成的董事會，他們對執行長來說是決策者與顧問。這個董事會的成員是由社區中較積極的義工所組成的，他們通常是社會服務、醫療、法律或企業方面的專家。這些董事會成員具有專業及個人的知識，可以協助社會工作員及執行委員設計最佳、最可行的服務給案主。私立非營利機構的委員會成員中，也嘗試著納進案主代表或關心案主事物的個人。這些人可以是兒童案主的父

母、以前的案主或心理衛生及矯治機構的案主。

董事會雇用了一位執行長，由他來負責機構每日的運作。這個執行長督導機構中各個部門，例如領養、諮商、寄養照顧、公司的事務以及給予工作人員支持等。視機構的大小，每個單獨的部門也可以有自己的督導。

私立機構的資金大部分依賴私人捐款、慈善事件和募款組織的支持，例如聯合勸募，以及服務的收費等。某些私立機構是全國性的組織，例如天主教的慈善會；其他機構如威斯康辛兒童服務會社，是一個遍及全州的機構。其餘一些個別的機構僅由社區來提供服務，例如受虐婦女與兒童的庇護所、遊民中心以及地方性的協助專線。

公立與私立機構在作法上有何不同？

我們已經瞭解公立機構與私立機構在經營及資金來源方面的不同。然而，公立與私立機構在許多方面仍是不同的，這些差異也塑造出社會工作從業者的工作環境，包括服務資格的要求、照護的哲學與服務的範圍等方面的差異。

(一)服務資格的要求條件

服務資格的要求條件決定誰可以接受機構的服務。要成為一個案主，必須有資格才可以接受服務。為了具備資格，你必須符合公立及私立機構不同的標準，公立機構必須對所有居住於本地區的市民提供服務。但只有經濟有需要的人才可以接受經濟協助，而其他諮商和寄養照顧服務是任何收入階層都可以使用的服務。

另一方面，私立機構不需提供服務給任何到機構的人。他們制訂了一些特殊資格的必要條件，譬如居住、問題類型、年

齡、家庭、收入以及家庭成員，不像公立機構提供普及性的服務。私立機構則必須限制接受服務的個人，少數的私立機構是不在如此嚴格的資格下提供服務，但某些情況下，他們的確有權利如此去做。

讓我們來看一看在公立與私立機構實務上的差異。凱麗女士剛決定她四歲的兒子桑必須去看醫生，他已經發燒到華式102度，而且已經生病一些日子了。現在桑的腿已經出現疹子了，凱麗女士很為他擔心。她帶兒子到位於住家附近的一間私立醫院梅西醫療中心（Mercy Medical Center）的急診室，急診室的護士發現凱麗的家人並未有健康保險，因此她不能准許桑入院檢查，直到急診室的社會工作員法藍過來幫忙。

法藍向醫院的管理人員詢問，發現醫院並不允許沒有保險給付的兒童就醫。這家醫院早在今年開始，就實施免費服務的重要標準，但是如果繼續這樣做的話，經濟上可能無法負擔，因此法藍只好請凱麗轉院，並將他們轉介到貝爾屋郡醫療中心（Bellwood County Medical Center）的急診室，它是一家大型的公立醫療中心，不管凱麗健康保險的資格如何，貝爾屋郡醫療中心都必須提供醫療服務給桑。

法藍知道凱麗必須在貝爾屋等待一段相當長的時間才能見到醫師，但是如果凱麗無法負擔桑的照顧費用，卻可以提出申請。郡就其公立機構的義務，將會負擔這個費用。

法藍事實上是可以去推動這個個案，並發現其醫療服務的需求，但是私立醫院並不能提供他們服務，醫院資格上的要求並不允許她去協助小孩入院。

（二）服務的哲學

在公立和私立機構的第二個差異是他們服務的哲學，服務

哲學指出機構的價值取向及對案主關懷的途徑，這也反映出機構提供服務的種類及數量，機構的決策是建立在他們的價值上。下面的例子顯示出，服務哲學如何影響社會工作員能為案主提供或不能為案主提供什麼服務。

辛蒂是一個十六歲的女孩，剛剛發現她已經懷孕，雖然已經獲得雙方父母的允許，她和孩子的父親卻不打算結婚。辛蒂還沒決定是否要留下及撫養這個小孩、考慮領養或考慮墮胎；現在她需要與可以幫助她作決定的人談談所有的可能性。辛蒂已經與兩位社會工作員約好了，一位是瑪麗，工作於健康及人群服務的州部門，這個機構專門處理本州所有少年懷孕案件；另一位是克麗絲汀，在天主教社會服務處工作，這個機構也處理單親家長服務，辛蒂是天主教徒，她是被教區的牧師轉介過去的。

瑪麗是公立機構的社會工作員，她與辛蒂討論所有可能的選擇，辛蒂可以**繼續懷孕並生下孩子**，如果辛蒂決定留下孩子，瑪麗可以運用許多方式來協助她。首先，瑪麗可以幫助辛蒂申請接受經濟補助。其次，孩子的照顧也可以安排，這樣辛蒂可以繼續回學校上課。第三，瑪麗可以協助辛蒂從孩子的父親方面獲得經濟協助。另一方面來看，如果辛蒂決定生下小孩並給人領養，瑪麗會與負責領養的社會工作員一起工作，去幫辛蒂的小孩找一個好的父母。但是如果辛蒂決定不懷孕了，瑪麗可以幫助辛蒂找到一個安全墮胎的機構，瑪麗已經與辛蒂討論所有合法的選擇，現在要如何作則必須辛蒂自己決定。

州機構的服務哲學是提供所有可能的合法選擇給案主，而案主的責任在於選擇她最想要做的，不管社會工作員對於領養、墮胎或留下小孩的感受如何，所有的選擇都必須與案主討

論。

　　天主教社會服務是在羅馬天主教會下的一個私立機構，當辛蒂與克麗絲汀談時，她卻得到相當不同的經驗。克麗絲汀無法與辛蒂討論贊成或反對墮胎，因爲天主教反對選擇墮胎。若被他人知道克麗絲汀與她討論墮胎，她可能會丟了工作。在會談中，克麗絲汀談論較多的是領養，她一再強調有很多好的天主教家庭願意領養孤兒。另一方面是生完孩子後留下小孩自己撫養，雖然比起領養較少被強調，但是也有討論到。

　　在這個例子中，不管辛蒂個人的感受如何，天主教社會服務的哲學並不允許克麗絲汀與辛蒂討論墮胎。這很明顯看出，機構的服務哲學強調的重點比較朝向於領養，克麗絲汀與辛蒂的會談工作也反映出這樣的取向，這也是私立機構擁有自己服務哲學的權利，而有別於公立機構的地方。如果個人無法同意機構的服務哲學，他們有權利去任何可以提供他們服務的地方，案主也可以選擇與其個人哲學相一致的其他機構。

　　從上述例子也凸顯服務哲學的不同影響到服務案主的類型。在這個例子中，公立機構比私立機構能提供更多的選擇，在另外的例子中，因爲公共的資金及州的立法，公立機構可能比私立機構更加受到限制。郡社會服務委員會可能企圖塑造公共機構的哲學，希望它是最不會在納稅人之間產生爭論性的，或至少能反映出目前一般的社會價值。

(三)服務的範圍

　　服務的範圍是公立與私立機構另一個不同的地方。機構的服務範圍指出機構提供服務的種類。大部分來說，取決於服務經費的來源以及機構設立的目的兩種（Pierce，1984）。例如，大部分的私立兒童福利機構提供領養、家庭及個人諮商、

特殊的寄養照顧以及未婚父母的服務。寄養照顧、虐待、經濟補助與保護服務，傳統上來講已經成為公立機構的領域。家庭若有各式各樣的需求，則可以到公立與私立機構尋求他們所需要的服務。

(四)購買式服務

自從一九六〇年代早期，公立機構逐漸增加私部門的購買式服務，而不再由公立機構自己直接提供服務。在購買式服務的合約上，州和郡機構雇用私立機構的社會工作員來提供服務，雖然案主是由私立機構服務，但他們仍屬於公立機構管理的範圍。

例如，寄養照顧的處遇時常是一個購買式的服務，通常寄養照顧的兒童大部分有嚴重的障礙或情緒問題，需要社會工作員密集地與他們合作，這些兒童被安置於特殊的寄養家庭，寄養家庭的父母需具備很多照顧身體、情緒或智力不足的經驗，社會工作員可以每週見到小孩與寄養父母，而非一個月一次或每三個星期一次。社會工作員必須排定與這些兒童治療的計畫表，或提供寄養父母額外的情緒性支持。

私立機構可以提供這些服務，並且比公立機構收費低一點（Demone & Gibelman，1987）。舉例來說，綠郡分配一萬五千美金給寄養照顧服務，如果在綠郡社會服務部門的社會工作員提供此項服務，收費是一小時 150 美元，包括社會工作員的薪資及行政費用。因為所有行政層級的緣故，在公立機構行政費用是相當高額的。這些層級的排列從郡到健康及人群服務部。然而，如果綠郡與當地的一家私立兒童友善會社（Children's Friend Society）簽約提供相同的服務，每小時服務的費用降到七十五美元，較低的行政費用可以使私立機構更

具成本效率。在每小時收費一百五十美元的情況下，綠郡的社會工作員可以提供一百小時的服務，在每小時收費七十五美元的情況下，兒童贊助會社的社會工作員可以提供兩百小時的服務，相同數目的金額卻可以提供加倍時間的服務。

這個政策的安排在許多方面影響了公立及私立機構的工作者。從積極面來看，購買式服務使同樣的金額產生了更多的服務，在降低社會服務經費上是一個重要的議題，這些安排也允許案主可以用別的方式，接受他們需要的服務機會，而不一定要特殊的服務。他們也擴大私立機構服務的範圍，不然就無法提供如此多元的服務了。

從負面角度來看，購買式服務進一步造成社會福利制度的支離破碎（fragment），案主可以從公立機構接受相同的服務，而其他服務則由私立機構提供。額外增加的社會工作員與督導可以介入兒童案件中，此一情況常使兒童的父母感到困惑，而容易發怒，甚至社會工作者要特別處理更多挫折狀況。在公立與私立機構的社會工作員必須學習去處理彼此機構之間的問題，例如記錄格式、案件的注意事項，以及行政上的責信制度就十分不同。迪蒙與吉貝爾曼（Demone & Gibelman，1988）預測會有越來越多服務與提供是透過購買式服務而由政府機構轉到私立機構。而私部門較低的費用、有彈性與創造力等特性被視為是購買式服務增加的主要理由。迪蒙與吉貝爾曼（1988）也預測一旦私部門大量的涉入取代過去公立機構所提供的服務，所有公部門在服務上的覺醒，一樣也是私部門應該要去注意的（Kettner & Martin，1987）。

私立營利性機構

私立非營利社會服務機構並不預期賺取利潤，如果他們真是如此的話，在機構中所得到的利潤就必須再投資。在社會服務機構中，出現一個相關的新發展即是私立營利社會服務機構的增長。私立營利機構是私人投資者所擁有的機構，希望他們的投資可以有經濟上的回收，私立營利機構通常都尋找可以負擔起服務費用的案主，或是有健康保險可以吸納這筆支出的案主。

私立非營利社會服務機構最大的壓力來自於財務，大部分的機構都透過社區資金來源及捐款，並沒有積極地尋求購買式服務及其他公立機構的經費。因此，不足以維持機構的生存。雷根時代的預算縮減也直接、間接地影響私部門的運作。私部門雖然被期待提供更多的服務，然而因為經濟衰退，自從一九八〇年代起，機構收到較少的自願性捐款，而這也加重了他們經濟上的壓力。

在非營利機構中的營利結構

一些私立非營利機構在其機構結構中，發展出營利的企業理念，這些追求利潤的活動是由機構提供經費，他們自己並不需要付費。例如社區生活機構是一個協助心理疾病者的機構，希望透過生活安排、經濟及社會支持系統，可以作一個轉變，使其從精神病房的環境中，轉到社區中獨立生活。這些服務費用是昂貴的，而且任何提供慢性心理疾病經濟補助的方案並不負擔這項費用。因此，這個方案並沒有產生足夠的資金負擔本身的費用，社區生活機構決定開放諮商門診，由有資格的治療

師提供服務,並向公立及私立保險公司索取費用。諮商門診可以追求利潤,將之轉帳到生活方案。技術上,社區生活機構仍保留非營利機構的性質,因為利潤並不歸之於股東或執行委員,在人群服務上這也是一種追求利潤的活動。

(一)營利性機構

其他較一般性的途徑是設立社會服務機構,通常是心理或生理健康服務,同樣也是用與私人企業相同的方式運作。大型的全國性營利機構,例如社區精神病學的社團法人(Community Psychiatric Corporation),銷售股票給投資人,如 IBM 以及 Xerox,組織所產生的利潤再回歸給投資人做為股票分紅。當事業成長時,股票的價值也跟著增加,股票售出時就會產生很大的利潤。至於其他的營利機構可能由少數一些的投資人,擔任機構的執行委員,由他們擁有與經營機構,而機構產生的利潤也由這些投資人共享。

柯爾門(Corman, 1987)指出為什麼營利的社會服務部門從一九八五年能如此迅速成長的三個理由:

(1)從歷史上來看,私部門能夠提供解決問題的專門技術,而這一點是政府無法解決的。例如,在醫療研究上的許多建議來自於私人企業的研究與發展。追求研究利潤、創造力的誘因以及組織具有彈性等都歸之於這樣的發展。

(2)營利的社會服務機構被視為是個人及企業多元化投資的一個好方法,私立及公立保險是穩定的經濟收入來源,比起其他的消費產品來說,比較不會因為經濟來源而不確定。

(3)營利活動實際的機會在於公立健康保險給付之外，還
　　包括兒童托育與教育服務。對於私立企業來說，這樣的
　　潛力是無限制的。

(二)對營利機構的批評

　　私立營利機構有極多的擁護者，卻也遭到強烈的批評。批
評指出在追求利潤上的哲學困境，會犧牲掉有困難的人和詐騙
保險公司支付社會心理服務費用以求最大利潤，營利的精神病
院被控告提供給案主比實際需要上更多的服務（也就是說提供
住院病人的服務，而非院外病人的服務），只爲了私人保險公
司服務的付費。當保險給付耗光的時候，不管他們是否病情足
夠好到可以離開醫院，病人將被迫離開精神病院。

　　私立營利機構被控告用欺騙的廣告吸引顧客使用服務，並
刪減服務的品質以增加利潤（Demone & Gibelman，1987）。
在美國甚至是支持追求營利潤運動的支持者，也承認私立營利
社會服務機構可以提供更有效率的服務，但私部門對於他們在
解決問題上所提供的服務，卻沒有做得更好。

　　批評也指出營利部門盡是挑從公部門離開的好案主，最後
離開公立機構的常是收入較差的案主（Demone & Gibelman，
1987）。如果營利機構只提供直接付得起服務費用的案主或透
過私人保險給付的案主，而低收入未保險的（或投保額較低
的）案主常被歸在擁擠的公立機構。從營利機構中或許可以得
到高品質的服務，低收入案主似乎必須接受他們從公立機構獲
得不管品質如何的服務。

　　批評也質疑營利動機與社會工作專業的價值是否互相矛
盾。如果工作者知道他們的薪資是繫於服務案主所產生的利潤

多寡，他們是否會失去提供品質服務的誘因，而代之以服務數量取勝？當他們承諾要提供有品質的服務給案主時，他們的專業倫理是否與服務付費的機制產生衝突呢？例如，當家庭私人保險給付用完了，但家庭仍然需要處遇時，一個嚴重的倫理困境就可能會出現。終止案主服務時，誰的最佳利益應被顧及到呢？是機構或是家庭？

(三)營利機構的事例

　　私立營利機構的擁護者主張「私有市場提昇了人群服務的效率，促進了案主對服務需求的回應」（Jansson，1990：80）。艾肯（1987）提醒了對營利結構的批評，目前公立福利機構制度上採取營利結構的批評，早在一九三〇年代就出現，大部分的市民對於政府的協助是極度渴望的。在這種情況下，一個全民性的公立體系是唯一的制度也是合理的。由於時機的關係，它的能力市民可以容忍政府強力地介入他們的生活。但是政府失去應付民眾需求的能力，已經有很長一段時間了。所以這個時機剛好給私部門一個介入人群服務的機會。艾肯（1987）也相信「批判式思考的路，在公部門是不通的」（Eikin，1987：175），傳統上「獨佔性的權威」證明對於人們問題的解決，政府在服務的介入上是一個障礙而不是一個機會。

　　個人偏好及地方的環境不斷地改變。讓我們再回到德非斯郡華頓的例子，令人遺憾的是分配經費給華頓化學治療處遇方案是不適當的。一群投資者看見極為良好的機會而去發展額外的化學服務，不僅可以服務社區，也提供一些工作機會給社區的居民。這些私人的投資者可以有彈性及敏感體認到華頓的獨特性，事實上這是政府無法做到的。

支離破碎的制度

直到目前，我們已經看見美國社會福利制度的殘補性質是不會改變的，而且讓私立與公立機構得以永遠並存。讓我們再密切注意社會福利制度，我們發現在公部門與私部門內，有一些額外的因素造成服務體系支離破碎和混亂（見**表 4-1**）。在這些因素中包括普及性方案相對於資產調查方案、現金相對於實物給付的服務方式，以及州相對於聯邦的服務行政層級。

普及性相對於資產調查

（一）普及性方案

我們已經討論過，制度式的社會福利國家實施普及性的方案，也就是說，任何人都可以接受政府的服務，而不需證明個人的財力。在美國普及性方案包括教育、火災及治安保護、社會安全給付與其他公共服務。這些服務並不是免費的，但是是間接由稅收，或在社會安全中透過個人工作的薪資稅來支付。

普及性服務的一個好處是容易管理，因為不需個人財力資產的證明。如果個人符合基本的要求，則他們可以接受服務。加拿大的國家健康照顧制度（The National Health Care System）是普及性方案的最佳例證，人們只需證明他們是加拿大的公民，就可以接受免費而由政府付費的健康照顧。病人不需負擔給加拿大政府雇用的醫師服務費用，這個方案是以所得稅及高菸酒稅做為稅基。

另一個普及性服務的好處是能降低伴隨接受服務而來的烙

表 4-1 美國所得安全制度

方案	給付形式	資產調查	財源	行政
公共救助				
失依兒童家庭補助	現金（州）	是（州）	聯邦、州	聯邦、州及郡政府
食物券	配給票	是（州）	美國農業部	聯邦、州及郡政府
醫療補助	實物	是（州）	聯邦、州	聯邦、州及郡政府
補充性安全所得	現金（州）	是	聯邦、州	社會安全行政
一般性救助	現金（郡）	是（郡）	郡	郡社會服務部
社會保險				
醫療保險	實物	否—但必須接受社會全制度者	受益人負擔保險金	社會安全行政
社會安全、退休、殘障及遺族給付	現金	否—被納入某些工作人全稅收口	僱主與員工負擔的社會安全稅收	社會安全行政

印，個人的收入及環境並不納入考慮是否提供服務，所以沒有人知道誰是窮人，誰不是窮人。

最後，普及性服務提供若干保證人們在有需要的時候會有服務，且不會由財力或烙印妨礙接受的服務。例如，如果在美國任何人都需負擔基本教育費用，可能大部分的窮困家庭沒有辦法送他們的小孩去上學，這不僅會擴大和上層階級與中層階級之間生活品質的鴻溝，如此一來，低收入的小孩將沒有機會透過教育來改善他們的生活。

普及性服務最大的缺點是經費。普及性服務是非常昂貴的。納稅人必須願意透過稅收，間接地負擔服務的費用。美國的哲學是少有例外，應該是使用服務者支付的費用，或那些能證明他們無法負擔服務費用的人，政府應負擔費用。

（二）資產調查方案

其他服務是透過資產調查。在資產調查方案中，人們必須證明其在經濟上必須接受這樣的服務。他們可由收入、家庭成員人數、家中的資產及儲蓄所得來證明。需要透過資產調查的方案，包括失依兒童家庭補助（失依兒童家庭補助津貼）、食物券、給予住宅補助金、大學經濟補助與醫療保險。這些服務的申請都經過篩選，以確保只有那些需要的人接受服務。資產調查方案是具有殘補性質的社會福利體系。

資產調查的好處是僅有需要接受服務的人才有申請資格，人們如果收入夠就可以負擔自己使用服務的費用，可以對於政府在公共救助方案資金的配置上做某些控制，這也與美國社會有義務協助窮人的價值相一致，但人們必須去證明他們的確需要幫助。

第二個好處是個人保持其選擇的自由，以決定接受服務的

地點，以及他們需要何種服務。例如，美國的醫療服務最主要由私部門所控制，個人可以基於自己的選擇去看醫生，並且透過私人保險或是個人積蓄來負擔費用。選擇的自由對美國人來說是重要的，特別是在健康照顧部分。

第三個好處是，表面上這樣的方案能滿足特殊人口的需求，例如失依兒童家庭補助是針對個人及家中有依賴的小孩而設計的。假設這些家戶的戶長是年輕、有能力工作的，職業的需求就被納進這個方案中。另一方面，補充性安全所得是針對不被期待去工作的較年長的成人及殘障者所設計，所以並不需要申請職業。每一個公共救助方案皆有特別合適的需求者以及被期待提供服務給他們的人口。

資產調查方案的缺點正好是普及性方案的優點，如行政手續是複雜的、烙印會伴隨著服務而來，某些人從未接受過他們所需要的服務，是因為被標籤及複雜的申請過程所阻止。

在美國普及性與資產調查方案並存的原因，是政府針對社會上未解決問題究竟應提供多少服務給市民，以及為什麼人們一開始就必須接受人們的需要擺在第一。這樣矛盾的情結在制度式與殘補式社會福利兩者之間，持續性的緊張已經深植其中。

現金與實物方案

美國社會福利制度在提供服務時，採取現金與實物兩種方式。實物方案是人們接受醫療照顧、給予住宅補貼金或食物券等服務，而不是由他們用現金去購買這些服務。

(一)現金補助

失依兒童家庭補助、一般性救助及補充性安全所得都是公

共救助中採取現金給付的例子。如果申請人符合這個標準，每個月接受支票，用來購買個人選擇的這些服務。現金補助方案假設接受服務的人將花費他們公共救助的費用，例如住所、公共設施、交通及衣服的費用。某些接受服務的人妥善地用，有些人則不會。

現金補助方案最受爭論的是社會無法控制接受公共救助的人們如何花費他們的錢。我們確定這些人有經濟上的需要，而他們可以接受協助，但我們無法決定他們如何使用這筆錢。把錢花在酒、毒品、菸及昂貴衣服的人，常成為我們不應該直接給予這些人金錢的理由。然而在公共救助部分，比起社會控制的價值，自由選擇的重要性仍具有重大的影響力。

支持現金方案的方式，也就是給予公共救助的受益人現金，但更重要的是讓他們決定如何運用這筆錢，因為這也是在養成他們的責任。如果公共救助長期的目標是在鼓勵這些人自足，即使我們不同意他們所做的選擇，我們仍必須給他們選擇的自由。

(二)實物服務

醫療照顧服務若採取實物給付，則可以更具效率的處理，因為這也就是我們所稱目標的效率（target efficiency），也就是分配用在服務的錢僅能花費在服務上。例如，如果我們要求公共救助的受益人運用他們部分的現金給付，為他們家人購買健康保險，我們無法保證他們會照實去做。在緊急醫療的案例上，我們是否能因為他們沒有買健康保險，在倫理上就否決對一個家庭的醫療照顧？由此看出，社會福利制度對接受公共救助的低收入家庭，運用實物服務的方式來提供健康照顧是非常重要的。

實物服務的第二個好處是因為能集中管理及確定服務的給付，能保證品質某種程度的一致性能。為了接受醫療補助款，提供者必須符合聯邦的標準，且聯邦政府需不斷地進行監督，以確保在體系內接受醫療補助的病患受到適當的治療。

由於額外增加的行政責任，實物服務的提供比現金給付更昂貴。反而簡單的提供現金和允許受益人去購買他們自己需要的服務成本較低。因為實物服務也增加了另一種行政程序，即是給服務提供者費用，並監督實物方案的進行。然而，納稅人可能更需要忍受實物方案的費用比現金方案的費用高，因為他們確實知道他們的錢是被用到那裡去（Compton ，1980：550）。

聯邦、州及地方行政

如**表 4-1** 所指出，公共救助方案是由政府的三個層級所管理，包括地方、州及聯邦。因此，瞭解那一個層級的潛在受益人必須申請方案是重要的。雖然大部分的公共救助方案是由郡社會服務部提供申請與安排，但聯邦、州與地方政府也會涉入這些方案的資金贊助與管理，這也可以解釋為什麼公共救助給付每一州不同的緣故。例如失依兒童家庭補助方案，聯邦政府僅提供某種程度的給付。

行政上不整合的結果，造成申請人、社會工作員及納稅人的困惑，行政權威的共享是殘補式社會福利制度的另一個特性。在制度式的福利制度國家，由中央行政掌控處理所有所得維持方案，這種集中化的體系可以減少美國制度的許多困惑及不整合的特性。

對社會工作從業者的意涵

瞭解社會福利機構的困惑，及案主可以利用的各種服務，對社會工作從業者來說是相當重要的。其理由包括：

首先，社會工作員在與案主工作的過程中，扮演了重要的教育者角色。案主可能對服務會有一些不瞭解，譬如到何處去申請服務、那一種服務是現金給付、那一種服務是實物給付。在公立機構，社會工作員主要關注在經濟補助的行政程序，而私立機構工作員較少每天與經濟補助方案這些細節有所接觸。對問問題的案主或不瞭解自己現在是否具有方案受益人資格時，一個消息靈通的工作員對案主來說是非常有利的。

其次，公立及私立服務的複雜體系，時常是社會工作員與案主雙方挫折的來源。瞭解從何處指引案主尋求經濟及社會服務，能使我們的工作更有效率與效果。我們工作的熟練度，都直接與我們必須提供給案主資源的知識有關。

與其悲嘆社會福利制度，倒不如盡可能更有生產力的學習因應及發現何處是需要改變的。認知的體系是重要的是第三個理由，目前制度的發展、運作及缺失，對於決定需要何種變遷是不可或缺的。在許多方面，社會福利制度紮實的知識在許多方面，是類似於在我們指出處遇方法之前個案的個別評鑑。

摘　要

對於政府在提供需要協助人們的角色上，美國人有矛盾情結，且忍受個人主義的影響，而造成不整合、殘補式的社會福

利制度。社會福利服務是當家庭機能及市場無法發揮功能時，人們最後的一種方式，社會福利制度潛在的期待是希望服務是暫時性的，一旦人們可以找到職業並自立自足，就不再需要來自政府的幫助。

服務是暫時性的，而不是政府基本的功能。這種看法，也導致了服務制度呈現支離破碎的現象。某些服務的提供是普及性的；其他服務則需經由資產調查。某些服務是提供現金；其他則是實物給付。州及地方政府對於所得維持方案負有責任；聯邦政府則管理及規定其他方案。

下一章我們將檢視社會福利政策在支離破碎的體系下，透過民主政治結構，它是如何發展的。在國家政治的意見相互作用之下，比那些要提供服務給他們的人來講，社會福利政策是更確實地反映出納稅人的選擇。

問題討論

1.透過歷史來看，美國致力於社會福利服務中兩個未解決的問題是什麼？為什麼這些問題尚未解決？
2.比較及對照公立與私立社會服務機構。
3.討論贊成與反對私立營利社會服務機構的實例。你認為營利的動機與社會工作專業倫理是互相矛盾的嗎？
4.美國社會福利制度是如何的支離破碎？在這個體系下，是否有方法減少這種支離破碎的狀況，而不需改變成體系式的社會福利制度？

建議作業

1. 訪問你居住的社區中公立及私立機構的業務主管，他們各自認為自己機構的優點及缺點是什麼？瞭解公立機構本身提供什麼服務，而什麼服務外包為購買式服務？

2. 取得當地郡社會服務部門公共救助服務的申請表格，並與班上同學一同來評論。每一個服務是否需要一個單獨的表格？或是僅要一種表格去填寫即可？對不能讀懂英文、年紀大了或是身體有障礙的人，你能看到這樣的申請過程對他們有什麼障礙？

3. 大多數的社區至少有一個私立營利社會服務機構，訪問其業務主管，瞭解他們支持與反對營利社會服務的想法，以便和本章所提的論點相互印證。並訪問機構的社會工作員，看看他們是否能感受到自己在專業助人動機與營利動機兩者之間有無不一致的情形出現。

重要名詞與概念

實物方案　　in-kind program
資產調查方案　　means-tested program
非營利機構　　nonprofit agency
服務哲學　　philosophy of service
私立營利機構　　private for-profit agency

私立社會服務機構　private social service agency

公立社會服務機構　public social service agency

購買式服務契約　purchase of service agreement

服務範圍　scope of service

服務資格必要條件　service eligibility requirements

普及性方案　universal programs

註：遍及美國的天主教慈善會與天主教社會服務機構，其差異
　　在於是否他們允許工作員討論墮胎作爲一種意外懷孕下的
　　選擇。這個例子主要是由於羅馬天主教會的教條，天主教
　　機構堅決反對將墮胎作爲一種選擇方式。

第五章
社會福利政策制定的過程

檢視將近已一百年歷史的社會工作專業中，已經用很
多政治性活動和策略。社工員忙於政治性的活動中，作為
一個消息靈通市民的社會工作者，扮演的角色可以從遊說
者、聯邦政府或國家的管理者，到政治人物。不論這是否
為社工員的正式角色與訓練，政治行動已成為社會工作專
業過去與未來的一部份。

　　　　　　　　——Karen Haynes & James S. Mickelsom, 1991, p.14

　　如果我們能採取理性的過程來制定社會福利政策，那麼發
展社會福利政策來解決社會問題將相當容易。DiNitto (1991：4)
描述一個理性的政策在於，「比起選擇其他政策，衡量獲得的
價值與失去的價值之比例是正向的且較高的理性主義，其中須
包含對於社會的、政治的、經濟的等價值的深思熟慮，而非只
是在金錢的多寡上考慮」。一個理性的政策制定過程是界定問
題、選擇和執行最少衝突和磋商的政策，所以我們知道解決社
會問題的全部可能方法在於選擇最快速而有效的解決之道。

　　然而，社會福利政策的制定，常常不是一個理性的過程。
在社會工作專業中有最多政治要素在內。因為它不是只在社工
領域中被制定及發現，它更包含外在的力量及資金。由於在專
業實務工作中，政策受到政治過程的影響，社會工作參與政治
已有很長之歷史，雖然社會工作者和他們的案主，大部份都敏
銳感受到社會政策不一致對他們的影響，但他們對於政策制定
的貢獻，勢力仍是非常小。

　　具言之，本章討論的內容如下：

　　‧討論在定義和解決問題上，個人與一般社會的角色

- 回顧美國國會中，一項議案如何變成法律之過程——社會福利政策制定最常見的方式。
- 討論媒體（報紙、雜誌、廣播和電視）如何影響對社會問題之指認，然後變成政策制定焦點。
- 討論在決定政策之法律基礎上法院體系角色。

是什麼使政策制定過程政治化

政治的定義在第一章提過，社會福利政策的政治本質中包括磋商與衝突等構成要素，在政策制定過程中，沒有什麼會比政治本質在福利政策制度上更突顯的了。制定政策過程的四個主要因素有價值觀、立法的過程、媒體的角色、法院改變現存政策的權力。

價值決定問題的定義及干預

社會福利政策直接反映目前的社會價值觀。如果兒童是我們社會的重要資源，那麼社會福利政策將反映對這種看法的承諾。這個承諾對各年齡層的兒童之醫療照護方案制度化或形成一個兒童照護的國家制度，建構成像大眾教育一樣。同樣的，如果我們社會價值擁護對抗不友善的國家，此一價值將反映在建立一個強大的軍隊。

社會價值也將定義什麼是社會問題，然後成為政策制定的焦點。這不是指一個問題的原因是什麼，而是指為何一組行為被定義為社會問題。例如少年懷孕，在很多理由下被認為是一個社會問題。但少年懷孕並非二十世紀才發生的，在十九世紀

大部份女孩由於結婚早，在少年時期便成為媽媽。如果少年懷孕在當時不被認為是社會問題，那為何現在會被認為是社會問題呢？社會已經有了戲劇性的改變，過去女孩多在十四歲結婚，未成年即死亡之人數比例很高，使得他們竭盡所能生育，人們到三十五歲已被認為老化，而且通常在年輕時即死亡。女孩在那個時候除了小學教育以外，很少有機會再受教育。離婚是極罕有的現象，因為夫妻們需要互相扶助以求得生存。

今天大部份少年懷孕出現在婚姻生活以外（Vinovskis，1988）。年輕的父親很少扮演養育子女的角色，所以年輕的媽媽必須獲得福利以養育孩子（Moore & Burt，1982）。現在這些機會適用各年齡層不同地位的婦女是有不同，而且很少婦女能夠只在家裏養育子女，不管他們是否結婚。美國價值觀已經改變，在少年懷孕的存在，以及年紀輕輕就為人父母等社會背景因素下，價值觀已經改變了。

（一）少年懷孕和社會價值

讓我們檢驗五個有關少年懷孕的問題說法，這些描述反映不同的價值，以及對少年懷孕的定義所下些微不同的見解。

(1)很多未成年媽媽輟學，而限制了她們未來就業的機會，造成很多人終生貧窮。這個觀點反映了教育的價值以及經濟福利對母親及孩子的重要性。未成年懷孕被為一個問題乃是由於教育中斷增加終生貧窮的危機，這將造成母子們身心健康很大的影響。

(2)未成年母親由於孩子的父親未能提供資助，經常得仰賴福利來養育幼兒，福利制度使未成年而有子者在獲得福利時更為容易。把依賴公共資源和協助未成年懷孕者連

接起來，反映了一個值得關心的議題，就是自給自足與人們應照顧他們自己的孩子的價值，接著這個問題就變成由納稅人來支持其他人的家庭。不幸地，一些情況並不被認為是問題，直到他們開始要納稅人賦稅的時候。

(3)未成年懷孕是個問題，因為未成年者還沒成熟到可以有性的行為，這句話有道德價值的含意在內。所以從這個觀點來看，對於未成年母親和他的孩子所碰到的事情，比不上年輕女性的性行為的事實還重要。一些人們認為婚姻外性行為是不適當的或者是敗德的，尤其是未成年者。

(4)未成年懷孕的發生乃因為未成年者無法獲得可靠而足夠的避孕方法，這個觀點對於未成年性行為沒有道德上的判斷，反倒是暗示未成年懷孕的成因在於缺乏預防懷孕之工具。

(5)未成年懷孕反映社會中家庭價值沒落的問題，父母在教導養育的過程，沒有督導他們和提供有關生育孩子的正確觀念。這個觀點在說明未成年懷孕問題的發生應歸咎於家庭，而這似乎和其他社會問題的發生怪罪於家庭是一樣的。也就是說，這個問題不在於未成年生子，而在於未成年懷孕正反映了日漸惡化的美國家庭。

在這個國家中，人們覺得未成年懷孕視為一個問題有這五種常見的理由。有些說法視懷孕的結果就是一個問題（將造成福利的依賴或貧窮的生活）；另外的說法則指性行為才是問題（未成年者太過年輕，由於不知去避孕；他們缺乏管教）。

我們認為的問題癥結，將引導我們思考解決問題最佳的政

策爲何。而發現解決問題的方法，通常有賴對問題成因深入瞭解。例如，我們認爲未成年懷孕是非常嚴重的問題，那麼我們把焦點最優先放在預防未成年懷孕，或者是提供服務以避免他們終身依賴，第二個問題構成要素，是可以理解的。我們選擇政策的介入是依賴我們定義問題解決上社會的價值。

如果我們認爲性行爲是一個問題而非未成年懷孕，我們將選擇不同的做法。這個觀點會建議以教育及父母親的努力來阻止未成年少年從事性行爲，如果未成年者不顧我們的善言而我行我素，那麼他們必須知道如何避孕並採行。

(二)問題發生的原因已指出干預的方法

每個有關未成年懷孕的說法，即意含不同團體對處遇努力的焦點。福利依賴的議題以及終身依賴，意味州和聯邦政府對維持他們收入的方案是有責任的。若從行爲問題取向的觀點來研究，則意味學校及家長們有責任防止未成年少女懷孕。我們如何看問題，將決定了什麼是我們需要做的，以及由誰來做，並且將從那裏做起。

這個未成年懷孕的例子已經很簡單的說明了價值觀將決定如何對社會問題進行處遇的方法。協助未成年懷孕者的專業工作者非常同意這種說法。就某些觀點來說，未成年懷孕是有各種原因的問題。由於理由非常複雜，使得這個議題更具挑戰性。第六章的最後一段在探討如何針對未成年懷孕者不同觀點間的小心磋商，以發展一套社會福利政策。

大部分政策須透過立法機構來判定

政策制定的第二個理由是政治的。很多社會福利政策的法律及立法命令之決定，均需經過美國國會或國家立法機關。本

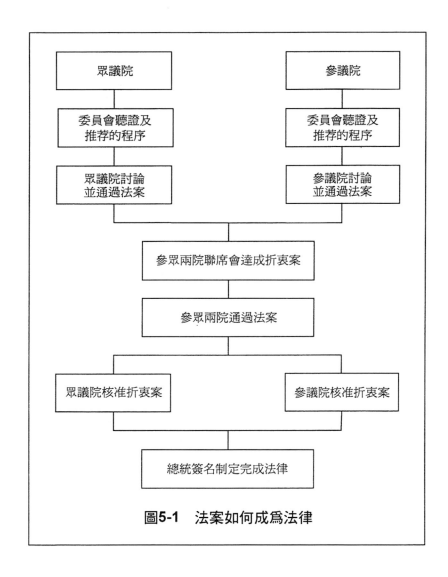

圖5-1　法案如何成爲法律

章將不特別針對不同國家立法機關做探討，而是要檢視在美國
國會裡，一個法案變成法律的過程上，有那些政治影響存在。

（一）如何使一個法案變成法律

　　爲了達成這個討論的目標，一個法案變成法律的過程需要
五個步驟，如圖 5-1。

(1)提案

　　一個法案是由參議院或眾議院的國會議員來提案,當法案提出後,會有一個案號。而一個法案命名的方式是字首有 H.R 再加上案號,即表示由眾議院議員所提出的,而字首有 S 再加上一個案號,即表示由參議院議員所提出的法案。在美國國會當中,一個法案不會超過兩年的會期,如果沒有任何行動支持此法案,它需要在未來的國會會期當中,以相同的程序再次提出。

　　立法者個人的或政治上的議程,將決定會有什麼樣的法案提出來。雖然立法者是被選出來代表他們選民的觀點,且每位國會議員到國會時均已有他(她)們清楚想要達成的理想,但參議員或眾議員可能不會全然地代表他們選民的觀點。

(2)委員會的任務

　　法案通常會被分派到對此一法案的主要問題有專精知識的委員會。例如,在眾議院中,社會福利法案通常被分派到有關社會安全的次級委員會。與健康保險有關的法案,則通常會被指派到與健康有關的次級委員會。而屬於議會中有關財政的委員會組成的成員,則須包含民主黨與共和黨。通常委員會會舉辦公聽會,而其目的在於獲得國會以外的專家或公眾的意見。

(3)委員會的報告

　　委員會主席會報告委員會對此法案有利的或不利的觀點,並暗示委員會是否推薦將此法案變成法律。

(4)法案的辯論

　　參眾兩院在同一時間可能對同一法案有不同的看法。如果眾議院對某一法案已做過完整的規劃考慮後,並送至參議院,若此法案在參議院也通過相同四個步驟,且沒有任何的修改,

便將送請總統簽字。如果法案有經過參議院的修改，則須發回眾議院重新決定是否接受修正案。如果眾議院不接受，則將指派包含兩院成員組成的聯合委員會來訂定折衷案，然後再由兩院各自投票表示贊成與否。

(5)總統的簽署

如果一個法案兩院已經通過後，則將會送請總統簽署。總統如果簽署，則法案即變成法律，但如果總統拒絕簽署此法案，則此法案要變成法律，須再經參眾兩院超過三分之二的議員投票支持。

(二)法律的通過是相當具政治性的活動

折衷是法律制定過程中極具政治意味的手段。折衷將會發生在法律形成過程中的每一階段。合法的程序是法案須經委員會及兩院的討論。國會議員所代表的觀點從極端自由主義到極端保守主義都有。如果一個國會成員認爲聯邦政府對幫助特殊人口的角色應有所限度，那麼他(她)將對此政府的政黨所需的預算上投以反對票。另一國會議員會強烈感到聯邦政府在社會問題的負擔非常重要，而贊成每一個社會服務方案，且不管金融委員會的干涉。折衷案意味某一國會議員必須同意法案的修改，直到有足夠的票數通過此案，那同時也意味著法案將會有很大的修改，直到通過爲止。

法律的制定充滿政治性的第二個理由是，法案的起草及公聽會上證詞，都不是公正的過程。事實上對法案內容和結果比較有影響的人，是那些知道法令如何考量，並能充分而積極的讓國會議員者知道他們對法案感覺之特別領域的專家。至於低收入人口、無家可歸者、孩童、殘障人士及其在收入或身體受到限制者（physical restrictions）的聲音是沒人聽見的。這些人

口不可能親自接近他們的國會議員，而比較依賴倡議團體代表他們的利益。然而，這些倡議團體也鮮有機會接近財務相關的資源，需要從事大規模的遊說工作。我們的民主制度美好的一面，在於如果你能用策略通過障礙便能參與其中的活動。

立法過程充滿政治味道的第三個理由是競爭利益，民主過程的長處是每一個人群團體在參與立法的過程都給予機會。各種不同的團體有權期待新的法律將會與對其他人口群一樣，都能代表他們特別的利益。

舉例來說，如果通過一個法律是要所有做健康照護的專業人員接受愛滋病檢疫，我們將會看到有強大的利益衝突產生。當然，在健康照護體系中的病人將非常歡迎這項檢驗，可以更進一步預防疾病擴展。但醫生和護士勢必反對此種檢驗命令，這將侵害他們隱私的侵害，並且會提議如果他們要接受檢疫，那麼所有他們的病人也同樣要做此檢疫。而這樣的利益競爭的勝負，通常取決於誰對立法制度有較大的影響力。在華盛頓醫生和護士擁有強的遊說團體，所以他們比那些沒有遊說團體的人們，能更有組織及效力去影響議會們來代表他們的利益。

（三）規則的制定

法律提供了發展方案的一個基本指導方針及權威。在法律轉變成方案時，公佈施行細則是第二個步驟。公佈施行細則意味法案將轉換成明確的陳述，會如何來執行和貫徹。

規則制定過程中，通常會分派給具有該領域專家的政府機關。例如，屬於兒童保護政策的國家法令，就分派給健康及人性服務部門中的一個單位來公布這個規則。並且會有一個直屬於總統督導的管理和預算局來監督所有規則制定的行動，以確保和法令的一致與合法。聯邦方案規則稍後將以發表聯合聲明

的方式，在公聽會上告知所有關於此規則的條文訊息。

　　甚至有些法令是對案主有很大的助益，但如果支持者沒有小心的監督，它也將會在規章制定的過程中產生戲劇性的改變。社會工作者對於施行細則制定過程的形成有兩種重要的影響點。透過專業人員與那些被指派撰寫行政施行細則的幕僚官員接觸，以書面或口頭的建議是一種影響施行細則制定的過程方式。另一種方式則是透過公聽會的訟詞使大家留意到這些意見及觀點。

(四)預算的過程

　　當一個法案變成法律時，它不會自動變成一個方案或提供服務方案。通常預算的過程依循兩個步驟（Jansson，1990）：第一、法律體的授權。在一年裡所能分配的方案最大程度。第二、法律體能給予方案特定總量。通常，計畫本身分配到更少錢，往往比計畫是否能被授權顯得不重要。政治上爭奪分配多少錢給方案，就像最初立法過程一樣熱烈，甚至可說大部份創新的法令如果沒有財源的支持是無用的。在過去十年裏，因為必須努力處理逐年成長的國家赤字，聯邦政府無法提供資金維持這些計劃。財源足夠性來自於可利用的稅金數量，如果沒有足夠可利用於方案的資金，則須停止方案或者增稅。然而，增稅則需要國會再去通過另一個法案來授權新的稅法徵稅，如此方能將方案所需的財源籌措完成。

媒體的影響

　　對社會福利政策的政治影響力常被低估的是媒體。電視、

廣播、新聞、書刊、雜誌等媒體，在社會問題的認定上以及對正在審理中的社會福利法案之結果，具有很大的影響力。

　　媒體也能控制觀眾嚴重性的認知或社會問題的焦點，例如當我們討論到愛滋病時，媒體所注意的焦點是男同性戀者及靜脈注射的吸毒者，那麼分配額外的錢來研究和服務愛滋病患者可能就不會被接受。在一些都市地區以外的地方，吸毒者或男同性戀者不被認為是具有足夠政治力量的團體。除了他們人數少之外，社會常無法接受男同性戀者及毒癮者的行為。如果控制大眾對這個人口群的認知，在於愛滋病濾過性病源體的感染來源上，也能改變大家忽視那些生下來即感染愛滋病的孩子，這些孩子並沒有任何男同性戀者或吸毒者那些不為社會所接受的行為，如果媒體沒有將大眾注意力轉引到感染愛滋病的嬰兒人口，那麼感染愛滋病的這群人口也許仍然無法獲得協助。

　　有三個因素將影響媒體選擇報導的題材，包括評論的政策、調查報告，以及社區服務方案：

評論的政策

　　評論就是一份報紙文章或電視、廣播報導，用以傳達擁有或管理該媒體的意見。評論可以說是一種強而有力的方法，以影響新聞消費者的態度或意見。依據 Rystrom (1983) 的說法，評論真正的目的就是要鼓舞討論。主要的報紙，幾乎少見在一個立場上僅呈現一個議題。即使報紙的評論欲塑造言論自由的特徵，專欄作家或編輯作家可能傳達保守的觀點。

　　評論的力量倚靠編輯對議題的選擇。評論的內容是由許多編輯所組成的委員會所決定。一般的報紙讀者只是瞥過評論的標題，只有在他們認為主題有趣時，他們才會停下來閱讀內

容。然而，若一個主題內涵相當深，那這份報紙在社會議題上將創造出利益。評論通常包含一般大眾不會特別在意的資訊。

　　仔細想想**表 5-2** 內所說的未婚懷孕議題。這篇評論是組合有關未婚懷孕驚人成長的許多事實，特別是少年懷孕和不管讀者對少年性活動看法的強烈態度。它指出出生在單親家庭的小孩，因為其父母的行為而遭受社會道德的指責。這篇評論懇求我們承認貧窮對小孩所產生的折磨是最嚴重的問題。社會問題常常是評論的主題，它們出現在具有公信力的《紐約時報》時，將會帶來不少的影響。

調查報告

　　在過去的二十年，報紙和電視的報導有愈來愈多的調查報告在內。調查報告建立在一個假設上，那就是許多事情並不完全是像我們看到的那樣，而是有意向大眾隱藏訊息（Benjaminson & Anderson，1990）。調查報告用一種大眾不知道的角度，有系統的去檢視事情的各個層面。通常調查報告的目的，就是要讓大眾知道並尋求改變。

　　在引發大眾意識有關社會福利政策議題上，調查報告已成為一種強有力的工具。在一九五〇年代的晚期，John Kenneth Galbraith 出版了一本評論《這個富裕的社會》（*The Affluent Society*），描繪美國為一個以中產階級工作人員為主的國家，在一九五〇年代使經濟繁榮興盛。回應這本書的是 Michael Harrington 的《另一個美國》（*The Other America*），則深切的指出居住在阿帕拉契山脈貧窮白人的困境，它吸引了甘迺迪總統的注意。甘迺迪總統做了一些事，後來在一九六四年演變成「向貧窮宣戰」，雖然甘迺迪總統沒能活著看到向貧窮宣戰的

丈夫消聲匿跡了

　　未婚媽媽的孩童可不再遭受無止境的烙印。人們不再用「私生子」這樣的詞彙了，以及「混蛋」很早就已失去威力而只是一種綽號而已。那些非法（或私生）的孩童現正面臨貧窮之苦。今日他們已經是佔了全美兒童人口的四分之一。和二十五年前比較起來，這些數字更是令人感到驚訝！在那時候，白人中的比例約只有4%，而在黑人之中是25%。到了一九八八年時黑人已達68%，而白人的比例超過四倍達18%。

　　到底是怎麼回事？就是性革命這種事所帶來的。全美超過一半的少年有活躍的性經驗，大多數的報導指出他們個人約有二至三個性伴侶，而初次性經驗的年齡愈來愈低。但美國不願給少年容易得到的避孕諮商(以及也堵住了墮胎的)。有三十五州在未成年者決定墮胎前須要父母的參與或是走司法漏洞。「你要玩，就要付出代價」，似乎仍是多數人心中的想法。當青少年的性行為被視為普通常識、一般的生活方式的時候，未成年少年一點也沒想到會懷孕。

　　在巴爾的摩，舉例來說，在二所市中心區學校的學生們(凡是貧窮且視早期的性為理所當然者)皆會參加由Johns Hopkins醫學中心所引導的一項計畫。一位社工人員和護士給予個人或團體的諮商；附近的兩家診所會提供有關醫藥和避孕的服務。其他二所學校的學生只要得到馬里蘭州的必修性教育課程亦可獲此服務。

　　可悲的是，像此類公立學校的計畫是極少的且很少被其他學校採行。即使有更多這類的計畫，更多避孕的選擇方式和更多有關性的談論與結果，仍是會有未婚媽媽的出現。幾乎所有的未婚媽媽(從不介意大眾對她們的看法)將會很貧窮（或可憐），一位Johns Hopkins的教授Laurie　Zabin說：「只有當人們意識到未來在年輕時有孩子將會面臨困境時，他們才會想辦法來預防懷孕。」

　　即使如此，一位十五歲的孕婦將生產看得很重要，並與她信任的人、她的家人、特別是她的女性親戚，分享分娩的過程，而非與她孩子的父親。因為她所想像中的丈夫，只不過是另一張吃飯的嘴而已。Jeanne Masarek，一位Warthmore學院的心理學家，與她一起在費城市中心工作的青少女說：「他們就像一九五○年代的中產階級男性一樣，他們會說直到他們有扶養能力時才會結婚。」

　　在一九八○年代，少年從事性行為的比例突然地上升，但是青少年懷孕的比例卻改變很小。因為更多的孩子們使用了避孕的方法。即使如此，仍有五分之一的女性在二十歲時就生下她們的第一胎。

　　也許婚姻，如同惡意批評者聲言的，已經是凋殘的了。也許社會正在改變、正在思考有關脫離婚姻的枷鎖。然而，在同時有數百萬的家庭是由可憐的母親和小孩組成的。父親的出現只不過是偶爾的衛星影像罷了。美國不能就禁慾、避孕、或是家庭倫理來立法。但是可以面對問題，來降低因無心及被忘棄的倫理道德所犯下的錯誤。不論合法與否，事先的預防工作是給這些可憐的孩子們夢想和機會。

圖5-2　評論的例子

正式宣言，但 Harrington 的書在描述他對此一問題的關切很有幫助。

　　養護之家的狀況已成為調查報告中常見的主題。在養護之家中，身體機能障礙的老人試圖去改變他們不良的居住狀況，以及強勢要求聯邦政府好好管理和資助養護之家，使他們能安心居住，養護之家很容易成為調查報告的目標。大眾對養護之家狀況的不滿意，將官方置於一個微妙的處境，它使大眾和官方知道該繼續從事什麼事。強而有力的調查報告出版後，大眾的憤怒將會影響法令制定者採取行動。

社區服務方案

　　廣播和電視受到聯邦傳播委員會（FFC）強烈鼓勵在一個新的節目中報導社區議題。在定期給 FFC 的報告中，電台有多少時間和節目性質是 FFC 認為將服務大眾利益的一系列社區議題包括在內 (Whitley & Skall , 1988)，這些議題如下列所述：

(1)失業/在職訓練

(2)教育

(3)藥物濫用和喝酒/酒醉駕駛

(4)兒童福利

(5)健康照護

(6)住宅/居住

(7)種族和偏見

(8)少年問題(指未婚懷孕、藥物和酒精濫用)

(9)環境問題

(10)鄰近社區議題和社區發展

(11)貧窮

(12)人民和政府/稅賦

(13)消費者議題

一個廣播電臺無法包含所有的主題，但它可選擇把焦點放在一個主題上，如種族差異和偏見。這些主題的其中一個層面，就是在法令及政策面上已經做了什麼，以減少種族差異和偏見的事件。聽眾在接觸這些社會議題的過程中，電子媒體可以散發出強大的影響力，接受訊息的聽眾更可能不是去參與改變行動就是去接觸議員。

社區服務方案也包括地方或國家的媒體公益廣告（PSAs）這些簡短的、可看到的、可聽到的公告是報導非營利組織，如紅十字會或救世軍，希望給非營利部門一個機會，讓更多聽眾知道而不用付商業廣告費。例如，廣告將給紅十字會一個機會，以懇求捐血者捐血達到一定存量；而救世軍可應用公告請求幫忙，協助低收入戶家庭的假日食物方案。電視和廣播電台對這些廣告擁有絕對的控制權。從這些免費的宣傳中，他們也控制了非營利機構的獲利，這種控制有其優缺點。對少有爭議的組織而言，如兒童福利機構，青年娛樂服務和一般的社會服務機構有其益處。但由於他們所做的具有兩邊性，對服務愛滋病病人的重生健康照護診所或機構不利。

法院系統

在發展社會福利政策時，法院體系不太被認為有強大影響

力，法院系統可以是地方的州的或聯邦最高法院，是快速而有力的政策制定者，制定政策是司法的部份功能。

法院決策的本質

法院決策和立法機關在制定法令上，有幾個重要的不同之處（Birkby，1983；Rubin，1986）。在公共政策上，法院必須等到議題出現在眼前，他們不能開創變遷，立法部門則可以提出特定的議題，然後開始立法，法院則不行（Birkby，1983）。用在特定案件的審判規則、特殊事實和環境上都不同。因此，並非每一法條都適用於類似的案件，雖然法院判決相當倚重於其他法官的判決先例，以支持現有的案例判決。但相似的情況並不表示一定用相同的方式來處理（Rubin，1986）。法官不能「不作決定」，而議會或總統可以決定不管某個法案，因此這法案將胎死腹中，無法付諸行動，但在法院的案子必須以一種或另一方式決定。

最高法院和較次級法院的權力在於法官如何解釋法令的權力。就如同我們先前所說的，人們的價值觀決定什麼該被看成是社會問題。同樣的，法官個人和政治的價值觀將是重大的決定因素，以決定什麼案件該開庭審問，以及如何解釋法令。

法院體系並不制定法令，它裁決法令上的議題，並重新解釋特定法令的意義。例如在波多卡教育委員會的堪薩斯州薛尼郡 347.U.S.483 (1954)這件案例中，最高法院判定在公共教育上「平等隔離」的各種設施，對非裔美國人和白人學生是有歧視意味的，因為分隔的設施並不是真正的公平，這個判決開啟了公立學校廢除種族隔離的大門，這是少數民族爭取機會平等的戰役中，其中一次最重大的勝利。

如此的判決成爲法例（legal·precedent），而成爲法律的一部份。這意味先前的法官如何處理法令問題的模式，將成爲部份的法律。法令先例對日後的法院判決可能有重大的影響，但法院的判決並非「自己去執行的」，這意味著法官去強制別人順從他們的判決的直接權力相當少（Smith，1991:98）。

法院體系的結構

表 5-3 說明了美國法院體系的組織架構。聯邦轄區法庭審理案牽涉到美國憲法、聯邦法律以及不同州公民組成的政黨的案件。上訴的案件從聯邦轄區法庭到巡迴法庭，然後再進入最高法院。輕度的犯罪案件(沒有對人造成傷害或沒有牽涉到武器)和輕微損失的民眾訴訟通常由市立的審判法庭處理。州立審判法庭通常審理較大的訴訟。這些訴訟牽涉到大筆的金額、詐欺、離婚以及重大犯罪案件。

當其中一個訴訟當事人對較低層法院的判決不服時，則案件可能上訴到另一個層次的法院體系。當案件上訴時，法官會重新檢視較低審判法院的記錄和每頁的簡短摘要，看看是否有做出任何錯誤的判決。雖然到最高法院之前已經開庭審理受人注目的案件，上訴到最高法庭是一個漫長的過程。

法院系統如何受到政治影響

因爲法官個人有解釋法令的權力，所以法院系統是政治的。法官不是選出來就是被任命的。如果法官是被選出來的(在審理法案時不管是寬大或特別嚴格)，那是因爲他反映了投票者的偏好。若法官是被任命的，由於是由官僚體系所派任，所以他反映了官僚體系的政治取向。最高法院的法官是由美國總統

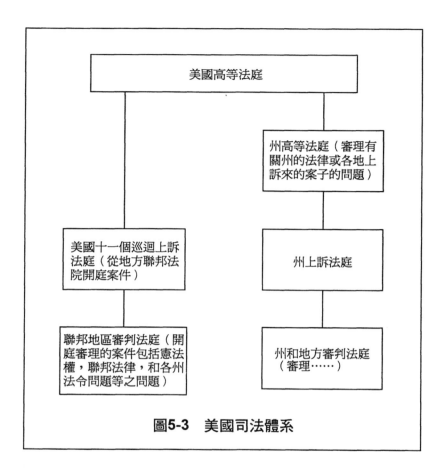

圖5-3　美國司法體系

所任命的終身職，民主黨總統傾向於任命相對上較自由派的法官，共和黨總統則較傾向任命保守派的法官。因為法官是被任命的終身職，故最高法院的政治取向比總統的行政管理持續更久。

法院系統如何決定社會福利政策

如先前所說，法院並不制定法律，但它解釋法令如何運用。即使一個州經由傳統的立法過程通過一個法律，但若這個

法律發現和憲法及其他法相抵觸，法院系統仍可推翻這個法律。使用法院體系使社會福利政策改變是一個較快的方法。最高法院的判決不但影響州立法院的判決，而且各州在挑戰法律時，最高法院的判決也被視為是一個有價值的先例。

在康乃迪克州，381 U.S. 479 (1965) 的案例中，最高法院的判決偏袒了康乃迪克州的計畫性為人父母方案。計畫性為人父母方案因為提供一對夫妻有關避孕的資訊而被處以罰金。在那個時候這種做法是違反康乃迪克州的法律的。當時法院的判決是根據禁止傳播避孕訊息的法律而來，其侵犯了受權利法案保障的隱私權。因為這牽涉到違反法案保護隱私權的規定。然而這並不代表說，在這個判例以前人們從事性行為時沒有採取避孕的方法，同時，禁止散播避孕技術的法律也存在於康乃迪克以外的許多州之中。而高等法院的判決允許各州廢除許多過時且多年未曾實施的法律。

在美國高等法院中，許多有關改變社會福利政策的有名案例的其中之一就是 Roe v. Wade，410 U.S. 113 (1973) 的案例，這個案例在第一章中已有討論。有關德州法令禁止選擇性墮胎，除非遭受到亂倫或強姦，最高法院認定是違反了第十四修正案正當程序條款。在 Ror v. Wade 案例後，三十一州有嚴格限制墮胎法令的，就不再實施禁止墮胎法律。而 Ror v. Wade 將一直熱烈地爭論，並可能在一九九〇年面對反對選擇性墮胎的人士們再次的挑戰，透過法院系統我們也許可以看到選擇性墮胎的國家政策將有所改變。

摘　要

　　本章檢視個人與社會價值如何以不同方式定義社會問題。雖然媒體不是一位直接的政策制定者，但是對政策制定過程很重要。媒體如何向觀眾呈現何種社會議題被他們定義爲社會問題。本章也檢視最傳統的政策制定形式、立法過程和一種比較非傳統的方法，即法庭系統。

　　第六章檢視較深度的政策制定過程，以問題解決取向爲基礎，是與直接服務常用在個別案主的評估問題和選擇干預方法上，具相同的基本模式。以虛構的蓋頓社區爲例，在第六章來表示立法過程、媒體和法庭如何影響社會福利政策的訂定。

問題討論

1.討論價值如何影響美國愛滋病（AIDS）政策之訂定，人們會有不同意見來看爲何愛滋病（是一個問題，而提出那些不同解決問題之方法？

2.回顧一個法案成爲法律的過程。

3.有那些社會議題已經被當地報紙的記者做了調查？當調查報告出版以後會有何事發生？政府官員會因此一報導而採取行動嗎？

4.在上美國高等法院前，已有那些社會議題被提出來？高等法庭法官的政治取向如何影響他們的決定？曾有決策被高等法

庭法官以不同政治取向而推翻過嗎？

建議作業

---

1. 收集你們當地報紙幾個禮拜以來有關社會議題的評論。你能指出報紙的政治取向（保守或自由）嗎？和報紙的編輯晤談，討論他如何決定報紙刊登何種評論。如果你們班上對社區中某個社會議題有強烈感受，要求他刊登你的讀者評論，他會如何決定？
2. 當成班上的計畫，一直去注意某個立法如何通過，去和遊說者會談找出他如何影響法案的結果。
3. 找出當地電視台或廣播電台如何決定他們的社區服務節目，他們願意播出爭議性公共服務的公告嗎？去年他們播出何種社區服務節目？

重要名詞與概念

諮詢委員　conference committee

社論　editorial

調查報告　investigative reporting

合法程序　legal precedent

公佈施行細則　promulgating the rules

民眾服務宣達　public service announcement

理性過程　rational process

第六章
政策制定過程：
問題解決理論

人類的慾望總是無窮盡的，當一個慾望被滿足以後，另一個馬上就浮現上來。我們都經常生活在問題解決當中，我們有一些人會把事情搞得一團亂，因為我們不瞭解如何有效地解決問題。

　　　　　　　　——Beulah Compton & Burt Galaway，1989，p.308

　　直接服務工作者很清楚以一個有系統、有組織方式處理案主問題之重要性。在情緒強烈時，常伴隨個人問題。假如他們能夠透過一系列的理性步驟導向問題的解決，以處理問題，實務工作者將能夠協助案主穩定紛亂的情緒，並且帶領案主朝向做出有意義的決策。問題解決是組織我們知識中最熟悉的方法，所以我們能分析問題成因，提出解決方式，並以有邏輯性與一致性的方式將意見轉成行動計畫。

　　雖然問題解決取向最常在直接服務中使用，但是在發展社會福利政策上，也一樣有用。本章內容包含以下幾點：

- ‧解釋問題解決步驟在直接服務中的應用。
- ‧問題解決模式應用在社會福利政策發展上，在虛擬的蓋頓社區中說明少女懷孕的問題。
- ‧對於社會問題的成因與其解決之道，以一個更寬廣的觀點來示範說明社區社會體系評估的重要性。

　　並非只有在社會工作實務中以有系統、有組織的取向來解決問題，所有自然與社會科學皆透過下列幾個步驟解決問題：

(1)評估問題——收集問題資訊，以協助精確界定問題，並設立一般性的目標。

(2)探究所有可能的方法——盡可能考慮許多問題的解決方法，使用可獲得的資源並發展新的資源，這個步驟包括徹底想過所有可能方法的結果。

(3)選擇一項可行方法並發展行動計劃——一旦選擇某種解決問題的方法後，就需要藉著評估來計劃必須做些什麼來達成預定目標。目標必需要轉換為可以達成的明確任務。

(4)執行行動計劃——在這個階段，實行上述第三個步驟的計劃。

(5)評估結果——假如已完成第一個步驟的目標，問題解決過程就結束了，假如目標尚未達成，評估過程就要界定如何發展新的行動計劃。

　　雖然問題解決模式常用於直接服務中，然而它有助於解釋社會福利政策和方案的發展。如本章接下來會提到少女懷孕的例子，使用問題解決模式來發展假設性的社會福利政策，以表達(十來歲)少女母親及其小孩的特定需求，因為這個模式可用來發展任何一個社會福利政策，這個例子也能用來作為政策發展的指導方針。

蓋頓社區

　　以下的內容，用虛擬的蓋頓為例。蓋頓有五十萬的人口，其中有 50％是白人，40％是來自非裔的美國人，有 8％的西裔的人，有 2％的亞洲裔的人。鄰近地區則是高度隔離的，有 90

％的種族和少數民族住在二哩範圍內的城鎮區域，有 70％之少數民族的收入低於貧窮線，而白人只有 15％。蓋頓是一個高度工業化的城市，但有五萬的失業人口，在過去二十年來經濟狀況已由手工業轉成服務業。

最近，一項對整個州的研究指出，蓋頓在美國少數民族中已有第二高的少女懷孕比例。80％的未婚媽媽留住她們的寶寶成爲單親媽媽——試著扶養孩子。大多數的母親依賴公共救助，並且不斷膨公共救助的記錄而超出蓋頓的能力範圍。當這個州的研究發表時，地方新聞提供更多一般性的研究和少女懷孕事件，一系列文章的焦點集中在(十來歲)少年父母及其小孩如何花費納稅人的錢，引起公眾的憤怒。爲了對公眾壓力有所回應，蓋頓的市長指派少年(十來歲)父母的專家委員會來對此一課題的地方政策提出建議，專家委員會的成員包括社會工作者、健康照顧提供者，以及許多市議員。

步驟一：評估問題

評估包括收集問題有關的資訊，精確的界定問題，指認資源和障礙，並設立目標，評估是政策制定的重要步驟，因爲它是整個過程的基礎。

有關蓋頓的州立報告並沒有讓少年父母專家委員會的成員感到驚訝，他們大多數的人多年來已關注到少女懷孕的升高率。然而，這份報告給予政策制定最有價值的成份：資訊，這份研究是由地方州立大學的社會福利學院所做的，所以它是相當可信的。由誰來做研究及爲了什麼目的會使研究產生偏誤，

因而使資訊沒有使用價值。不是所有政策制定團體都能幸運得到有一個可信賴的研究，可以讓他們來處理問題。通常，政策制定者必須更直接地發現人們所需求的是什麼。

需求評估

需求評估是決定社區需要什麼服務，以滿足基本人類需求的一項程序。好的計畫與政策制定需要有關服務需求內容具體的資訊，以及目前服務究竟符合這些需求到何種程度。政策制定者不能依賴他們覺得人們需要什麼，他們必須有具體的書面資料。專業直覺能夠準確的指出來需要在哪裡，但是要有明確的事實與數字，以說服市議員或州立執法者真的有需求存在著。

透過一項需求評估調查可以指認出需求。調查是以問卷的方式，詢問人們有關他們的需求，以及為何現有的需求無法滿足他們。假如小心做的話，調查可以提供有關社區需求最正確並且最立即的資訊。然而，調查是花費昂貴的並且費時的。針對特定課題來界定與發現要有哪些人被調查，已是一項超越社區可以處理的大計劃。

藉由政府或學院或大學來收集的現存統計資訊，可以花費較少，且是一個較為有效率的方法，以得到有關社區社會福利需求的資訊。在蓋頓的少年父母專家委員會決定接受州調查的結果。政府所作的摘要性當前人口調查，出生記錄、州社會服務部門的記錄，以及其他有關蓋頓的人口記錄，決定了城市的少女懷孕率。州報告指出鄰近區域、年齡團體、種族團體以及學校區域、通常會有高的少女懷孕率。在調查過所有研究後，少年父母委員會指出在十八歲以下少年的嚴重問題是當他們懷

孕後退學。假使年輕母親不要接受公共救助來做為一種財物支持，全職或兼職的工作亦使得她們要輟學，以便賺錢養活她們的小孩。

然而，蓋頓少年父母專家委員會並不因知道於高危險群是高中的輟學者就感到滿足，他們想要知道為什麼蓋頓在州內和其他社區不同，而有如此高的懷孕率。成員分成兩個團體進行下一個步驟的評估過程。

團體一研究少女懷孕的一般主題。團體要下列問題的答案：

・在所有社區中的十來歲(年少)母親具有那些共同特質？
・誰最容易懷孕？
・其他社區在降低少女懷孕的比率上做了些什麼？

在政策制定過程中最好的資源是資訊。當蓋頓的領導者在問題解決過程的最後階段中，使用其他專業已知的訊息，能節省時間與金錢。

團體一發現蓋頓並不是唯一有令人震驚的少女懷孕率的地方。美國在工業世界中有最高的少女懷孕率（Jones，1986）。國際性的研究將這個美國的獨特現象歸因於美國獨有的幾個因素，包括私立健康照顧的結構使得少年不易獲得健康照顧。在工業國家中政府主要責任在提供健康照顧，這個因素消除少年不會因為沒錢而無法尋求避孕的資訊。美國的健康照顧被視為私人經營的企業，人們如果擔負得起就可以獲得健康照顧，或是窮到符合由政府提供醫療救助的資格。健康照顧的私人模式是確保美國自由企業的一個例子。美國健康協會在美國華盛頓是最強的游說團體之一，並有效率地使得聯邦政府不在提供健

康照顧企業之體系內。醫生錢財之收入或許反映這個價值：因為缺乏少年的健康照顧導致較高的少女懷孕率。

Jones(1986)指出對於壓抑與否認少年的性行為導致高的懷孕率。少年對於性缺乏正確的資訊，在美國「性」被描述為「浪漫的」，然而，又是有罪的且骯髒的。它是被誇耀的而且有隱藏性的（Jones，1986：223）。傳統的美國價值認同婚姻為性行為的合理意涵。因此，少年的性活動本身就被視為一個問題。在**表 5-2** 呈現的社論討論到人們潛在態度已決定少年母親過貧窮生活的命運。雖然美國人的行為不一定反映這個價值，但它存在人們心中，使得它成為協助有性活動少年的阻礙。

團體一也發現高水準的公共救助並不會和少女懷孕的事件有關連，其他工業區國家較美國有更多的給付，但少女懷孕率比較低，並且在少年父母中貧窮率也比較低。專家們懷疑減低對少年父母的財政支持，使母親與小孩處於長期貧窮的可能性。美個國家的貧窮線也與少年的懷孕率有直接相關。在美國，公共救助支付不會把接受救助者帶到貧窮線之上，這是其他美國價值的反映，即努力工作與自我效能的重要性與需要性。美國的價值體系不鼓勵依賴公共救助。不幸地，因貧窮而受害者都是小孩，他們無力改善自己的狀況。

最後，團體一發現少年中，有情緒上且經濟上被剝奪背景的人最有可能懷孕，他們從擁有小孩當中獲得滿足與實現。這個發現建議不管在蓋頓擬定降低少女懷孕率的是什麼計劃，需要協助者為缺乏目標與遠見的高危險少年們。

根據他們所收集到的各種不同廣泛資訊，團體一指出下列的因素為蓋頓少女高懷孕率的重要影響：

(1)少年們缺乏接觸避孕的方法。

(2)高度的貧窮導致少年們在情緒上和經濟上的剝奪,而將擁有小孩當作是一種改善他們生活的更好方法。

少年父母專家委員會的第二個團體(團體二)籌組一系列的社區會議,其中亦包括地區學校的、健康診所的護士,低收入區域青年中心的社會工作者和少年父母等人參加。團體二在一系列社區會議中聽取幾個重點。首先,老師們認為少年們將擁有與扶養小孩的事浪漫化了。老師們覺得在學校之中,沒有生涯企圖和低自尊的少女是最有可能的懷孕危險群。年輕的工作者表示關注少年男女,使其可以獲得避孕知識和一般的健康照顧,以及某些有「它不會發生在我身上」態度的少年。從社會服務部門來的社會工作者則抱怨部份的問題在於少年欠缺的健康角色模範,並且父母又沒有好好督導。州的社會工作者也談到在過去二十年間經濟是如此的不景氣和失業情況嚴重,甚至住在低收入區的高中畢業生也不能找到工作來支持家庭。小孩的父親不能娶其母親因為他們不能提供像公共救助一樣多的支持。在團體二的這些會議中,社區領導者聽取了很多有關於在蓋頓有高懷孕率的理由,但是沒有和其他地區的研究相矛盾之結果。

對於少年父母專家委員會瞭解少女懷孕上,少年父母有重要的貢獻。有些父母指出雖然他們知道生育控制,但他們沒有考慮在那裏得到它或如何正確使用它,其他人也只是不知道他們會懷孕的可能性。少年父母公開表達他們從想像到真正為人父母是有多麼的不同,他們分享有關於他們在朋友當中孤立的挫折、難於供給並支付小孩的照顧 ,並且對於他們的生活感到

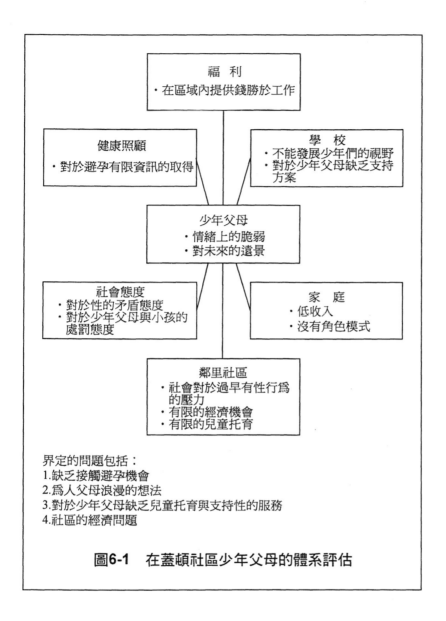

界定的問題包括：
1.缺乏接觸避孕機會
2.為人父母浪漫的想法
3.對於少年父母缺乏兒童托育與支持性的服務
4.社區的經濟問題

圖6-1　在蓋頓社區少年父母的體系評估

無助。他們強調自從他們為人父母之後的整體感覺就是「孤立」，並使他們難以保有學業與工作。

　　圖 6-1 指出由少年父母專家委員會編撰的社會體系評估。這項評估圖表指出少年父母社會體系要素與其影響因素。

界定問題並設立目標

在處理文獻研究與公共會議所得到的訊息之後，少年父母專家委員會盡可能簡潔地界定問題。某些少女懷孕者主要是源於避孕知識的缺乏。一旦懷孕了，主要是由於缺乏兒童托育與支持性服務，少女們將會落入輟學的危機中，即使她們的求學動機很高。如果未成年少年父母無法以他們的方式脫離貧窮和福利，低收入區域令人沮喪的經濟狀況使他們處境更加困難。少年父母專家委員會同意三項主要目標以作為他們制定的政策，反映他們對問題的定義的努力：

(1)展開一個密集性的、社區性的教育，努力朝著指向為人父母的覺知與鼓勵使用避孕方法等兩方面的努力。

(2)動員社區資源，增加支持方案的數量，以有助於少年父母至少能完成高中學業。

(3)與市議員一起努力，以激發企業與工業在低收入區域投資的財務動機，因而增加所有區民的就業機會。

指認資源與障礙

少年父母專家委員會在朝向發展計劃和制定範圍之前，先要擬定出政策及方案；而他們預期達成已設定的目標上，指認出資源與障礙是很重要的。

(一)資源

資源的例子有助於動員包括公共健康診所，以配合少年、學校護士、輔導部門、社會服務州部門之公共救助部門社會工作者、日間照顧中心、兒童托育提供者之特殊需要。多年以

來，蓋頓經濟發展委員會已考慮呈交以稅收刺激企業發展計劃到市議會中。少年父母專家委員會的工作應該加緊他們的工作腳步。界定存在的社區資源有助於避免昂貴服務的重疊，並指認為什麼目前現有的服務不能符合被認定的需求。

（二）障礙

一旦少年父母專家委員會的成員指認資源後，他們也必須指認他們預期的障礙。就計劃者正確期待的障礙而論，通常有三到四個並非所預期的。障礙包括新方案的公共資金、社區抗拒承認的少年性活動(也許可以描述為鼓勵)，對於社區中少數少年的種族偏見服務提供者、對於減低少女懷孕有助益的新方案有所懷疑。少年父母專家委員會不能單獨自己改善地方經濟，但是能給像蓋頓經濟發展委員會的組織壓力，提出一些意見。在評估過程中的最後部份，專家委員會必須確定有哪些潛在障礙，腦力激盪克服障礙之解決方法，以及指認他們不可能更動的潛在障礙。例如，新的社會服務方案缺乏公共資金，對於想處理社會問題的團體來說是一項常見的障礙。專家委員會將在現存的服務輸送體系中工作，以得到更有效的服務輸送或不同種的服務，而非試著發展完全新的方案。

評估是長期性的與複雜的，但它是政策制定過程的基礎，完整的評估對於政策制定過程的其他部份奠定了重要的基礎。

步驟二：探尋多種選擇方法

探究多種可以選擇之方法，包括儘可能的討論許多可用來解決問題之資源，並考量未來可能的障礙。當潛在的解決方法

被指認出來，而其結果也是被預期的。不幸地，我們從不清楚問題的所有可能解決之道，也不能預期所有可能障礙。即組織理論家所謂的「有界限的理性」最佳例子，此一專有名詞描述我們檢視所有選擇能力的限制，我們的探究會被我們的知識所限，以及無法看到我們決策的結果。

專家委員會之目標在集合所有選擇方法，確保專家委員會能在評估過程中和目標聯結起來。

目標一：展開一項密集的整體社區教育工作，將努力的目標放在少年為人父母生活的覺知，並鼓勵避孕工作。

   選擇一：在區域中所有學校義務的性教育

      優點：這項計畫包括所有年齡層團體，以內容而言是最具攻擊性的。它是有效率的，因為它使用一個既存的服務體系，就是學校。它也藉此教育小孩在他們有性活動前須加以預防，在高中才開始性教育也許太慢了。

      缺點：學校已負擔過重的責任，學校當局也不認為他們的學生需要性教育，因為害怕父母與稅收者的報復。義務的性教育或許不被想要在家自己提供性教育的父母所接受。這個方案也沒有顧及到不在學校的少年們。

   選擇二：校內的健康診所提供生育控制資料，並對少數民族提供避孕方法。

      優點：假如透過學校體系，在高危險鄰近地區中的學校健康診所是便利的，可近性的問題就可獲得解決。同一的單位就可提供教育與服務，學校體系的

性教育與學習功能將是獨立的。

  缺點：成本是非常昂貴的。父母親與行政者也許會反
  對在學校設健康診所，因為似乎他們鼓勵少年的性
  行為。假如發現健康問題，因為提供避孕措施，那
  麼學校可能負有責任。社區也許會反對學校的健康
  診所還要擴大到有公共教育之功能，這個選擇沒有
  顧及輟學的少年父母，他們不能從公立學校體系提
  供服務中獲得利益。

選擇三：在高危險區域中的學校提供積極性的性教育方
  案，並給予出生控制資訊。

  優點：這是一個比選擇一更有效率的觀點，把高危險
  區域中目標放在處遇上，處理六到八個學校比六十
  個學校更可行，因此它是更有效率的。這項方案仍
  然將重點集中在初中、高中學校的學生身上。

  缺點：一些學生也許會反對性教育方案與出生控制的
  資訊，但是使這項資訊符合要求的話，也許會引起
  反對。然而，假如少年對於此項要求太過羞愧的
  話，那麼「達到要求」就會限制了資訊的取得。這
  項選擇亦未顧及沒有就學的少年父母。

選擇四：在廣播與電視的公共資訊活動中，應用公共服
  務的宣達來討論少年的性活動與避孕措施。

  優點：廣播與電視的宣達可兼顧到在學或未在學的少
  年。公共服務宣達是廣播與電視的免費服務，且大
  量的播放可以引發更多觀眾的興趣，包括少年、少
  年父母與社區的成人們。

  缺點：假如傳播媒體的擁有者不願意播放有關避孕的

公共服務宣導節目，則很難得到廣播與電視的合作。他們可能害怕失去了觀眾與廣告商。有限的時間可能對於公共服務宣達節目較為可行。

選擇五：在地方報紙上發展有關少年父母的積極性、資訊性系列報導，並教育每一個人閱讀這份報紙。

　　優點：這項選擇可顧及到廣大的觀眾，特別是在那些蓋頓高危險區域之外的。出版資訊性的作品是報紙的目的之一，這是散佈資訊的便宜方法。

　　缺點：報紙或許不願意發表有目的的系列，在出版部份若有負面的宣傳，將會在少女懷孕問題上引起公眾的憤怒。

目標二：動員社區資源以增加支持方案的數量，以有利於少年父母並幫助他們至少完成高中學業。

選擇一：在校內設置兒童托育中心。

　　優點：在校內設置兒童托育中心將使得少年父母在就學上較為便利，並有一個強的動機。外在的設備已存在了，亦可獲得學校護理服務。

　　缺點：學校照顧體系已隨著對學生的責任增加而過度負擔，開設兒童托育中心是相當昂貴的，而學校體系也不能提供完整的補助。少年父母專家委員會如何決定那些學校有兒童托育中心？那些沒有？當老師們的薪水都付不出時，從那裏得到財源來支付兒童托育的工作者？

選擇二：改善現存的兒童托育設備，以擴大可行的服務，使少年父母有使用新的兒童托育場所之優先權。

　　優點：這項選擇利用社區內現存的服務和企業。它需

要擴大而非發展新的服務，不需要訓練新的工作者。

缺點：不需要用額外的金額來擴大現存的兒童托育設備，但許多年輕母親將需要運輸工具(交通工具)來運用。而擴張兒童托育中心，則需要額外的基金。這個取向主張兒童托育的額外需求，但不足以充份鼓勵少年母親回到學校。

目標三：與市議員一起共事以激發企業與工業設置在低收入區域的財務動機，來增加所有居民的就業機會。

選擇：直接與蓋頓經濟發展委員會在長期的經濟發展上一同共事，除了少年父母專家委員會本身以外，仍需將很多焦點放在很多組織的合作上，並且需要在專家委員會之內的企業。

這些選擇不會呈現出少年父母專家委員會可以探究的所有可能選擇，但是它們可以給予你有關如何檢視探究方法的過程一些意見。探究方法需要討論對於社區可能還不能清楚接受的意見，假如計劃者的某些意見是這個社區明確不能接受的，仍會有助於他們發展一個較可接受的行動計劃。

步驟三：發展行動計劃

小心探究選擇方法之後，少年父母專家委員會決定以最初的目標來發展下列可行的行動計畫：

目標一：展開一個集中的、社區性的教育，將努力目標放

在父母覺察與避孕方法的使用上。

　行動計劃：初級與高級中學已將目標放在六個月密集性的方案，三家電視台與七家廣播站將在三個月內開始參與發展公共服務宣達。專家委員會將發起最大的地方報紙以少年父母為主題發展每月的特色，並將通知且教育少年父母的社區。

目標二：動員社區資源以增加支持方案的數量以利於少年父母，假如懷孕了，可幫助他們至少完成高中學業。

　行動計劃：少年父母專家委員會將要在受到少女懷孕影響最嚴重的鄰近區域發展三個兒童托育中心，這些兒童托育中心將提供比現有的小孩多一百八十個的服務。同時，將會給與有小孩的少年母親與父親工作訓練或職業諮商團體的機會。

目標三：與市議員共事以激發企業與工業在低收入區域設置的財務動機，藉此增加所有居民的就業機會。

　行動計劃：少年父母專家委員會在未來六個月將與經濟發展委員會共事並設立三個會議，所有小組會議與專家委員會已經在未來六個月中被分派一般的任務來達成。問題解決過程將會再度開始。

　在這個例子中，少年父母專家委員會的目標已將行動設定在一個可量化的定義上，所以這政策在六個月內可以加以評估，專家委員會將能測量它的結果。當目標具體特定時，較易打破必須作的任務並分派到專家委員會的成員身上，任務較有可能作到。

步驟四：執行行動計劃

　　在政策制定的問題解決取向階段中，目標轉化為具體的任務以達成目標，例如，市議會的成員和社會工作者被分派去促使地方報紙來報導一系列有關少女懷孕與少年父母的資訊性文章。這位社會工作者能幫助報導者得到最新且最正確的資訊，並與願意受訪的少年父母聯繫。

　　在資訊活動中，父母教育與出生控制的目標學校將會被學校設置的公共健康護士啟發。利用人們與社區中他人自然的聯繫能使得行動計劃的執行更有效率與效果。

　　顯然地，新的兒童托育中心之發展將是一項長期的目標，四位專家委員會的成員將被指派從事兒童托育發展的兒童托育。成員包括兩位市議員、兩位兒童照顧中心工作者和地方企業家。政策計劃的部份將會需要更大的財務承諾，需要明細的計劃以及在計劃可以執行之前財力須先被保障。

步驟五：評估政策制定的努力

　　一旦政策已經執行了，評估方案是否有朝向目標執行就是很重要的。在六個月之後，少年父母專家委員會聚集來評估他們是如何朝向他們的目標，他們發現學校資訊計劃進行得相當好，在目標學校中，學校官員與父母已經相當合作了。

　　反對公立學校性教育的訴訟案已被申請，在案例中的法官

決定反對學校性教育的父母已被允許可讓他們不上性教育的課。然而，當課程進行時，許多初中與高中的學生想要修這些課，學校當局與少年父母專家委員會的成員同意再評估，或許在另外的六個月內可能會擴大方案，假如這個方案是成功的，學校體系將會同意方案成本納入懷孕者的學校預算。

有關媒體的教育性方案評估則指出某些策略的改變是需要的。廣播與電視對於產生公共服務宣達是有助益的，但只有在早晨播放，目標觀眾群(少年與父母)不可能開電視。一系列教育性的報紙文章在順利進展上較慢，六篇文章預定要在下三個月內去報導。少年父母專家委員會決定安排與媒體人物的會議來修正這些問題。

兒童托育發展的小組委員會報告中指出他們已成功的從地方工業中得到十萬塊的募捐，至少可以設立一個兒童托育中心，部份的錢將可用來設立少年父母的生涯諮商中心，設在日間照顧中心內，而非在學校體系內。雖然生涯諮商並非最初計劃的一部份，但它是專家委員會的最初目標之一。

專家委員會成員被分派到與經濟發展委員會一同共事，報告指出三個稅務激發計劃是在考慮之下努力吸引新的工作到低收入區域。

摘　要

本章顯示問題解決理論如何用以發展社會福利政策，並運用大社區的努力來討論其少女懷孕的高比率。評估問題需要收集問題資訊並設立一般目標。在探究方法的過程中，考慮所有

可能與實際的方法和所有可能選擇的成因是很重要的。一旦選擇了方法之後，針對目標來行動是重要的，意味著將它們轉化成為具體的行動，目標應是可被測量的，以便讓政策制定的努力能夠有意義地被評估。

第七章將討論實務者與研究者分析與評估有目的與現存的社會福利政策的方法，當政策不足以符合案主人口的需求或者沒有效果時，方案與政策評估的第一個步驟是「界定什麼需要改變」。

問題討論

1. 問題解決模式的步驟是什麼？你覺得那一項步驟對於發展可運作的社會福利政策是最重要的？
2. 假如政策制定組織未在發展政策之前作需求評估，那它將冒怎樣的危險？
3. 政策課題的體系評估內涵如何擴大我們對社會問題成因以及解決之道的瞭解？

建議作業

1. 是否近年來在你的社區中有執行人類服務需求評估？誰執行這項評估？資訊如何在政策制定條件下被使用？在你的社區中執行需求評估的團體是否遵循問題解決理論？
2. 在你的社區中選定主張特定社會問題的委員會或小組委員

會。訪問委員會成員以評估他們如何研究社會問題以及如何界定問題的廣泛解決之道。

重要名詞與概念

需求評估　need assessment

問題解決理論　plan of action

行動計劃　problem-solving approach

第七章
政策評估、研究與分析

我們所設計的方案，時常無法和實務上出現的問題與
困難做很好的連結，我們似乎很難去掌握保持隱晦、沈
默、不可接近的行動內在本質。很明顯的，對政策的瞭
解，要多於那些把行動合法化的任務。不過至少，我們試
著發掘我們的行動中的意義與目的。

——Martin Rein, 1983，p.xi

　　就如同馬丁・藍在開場白中所指出的，社會福利政策時常
與實務脫節，我們在前六章所討論的方案與政策的發展與執
行，有可能會無法適切地符合服務對象的真實需求。我們不難
發現，實務社會工作者面對新的社會福利政策與方案時，對其
不實際可行與無效率，帶著不相信看法而不斷搖頭。政策制定
者通常是在政治真空的狀況下發展政策，而不是移樽就教於與
政治關係最密切的案主與工作者。

　　另一方面，社會福利專業人員因為對於重要的特殊政策或
在改善現有政策上，只提供模糊的建議而遭到指責。他們通常
只提出「某些人應當要做某些事」或「它對我的服務對象沒
用」，而不是以有條理的、謹慎的提出建議，來促成更有效的
社會福利政策。

　　本章將協助你發展學習在做方案評估、政策研究和政策分
析時所需要的技巧。在分析現行或是計劃提出來討論的社會福
利政策之效能與效率時，可以從三個方向來收集實證資料。本
章將評估、研究與分析分開討論檢驗，因為在政策評估時，它
們各自扮演不同的角色。

　　具言之，本章討論的內容如下：

・方案評估過程的敘述，機構或是其員工評估機構內方案的目的與過程。

・探究社會福利政策研究的過程，由行政單位或是學術單位之研究者，利用科學的方法去評估政策或方案，並檢視大範圍的社會福利政策之效果與效率。

・介紹 ANALYSIS 模型來評估直接影響服務對象的政策與方案。

方案評估

　　方案評估意指特別注意方案目標預期或非預期中的效果，批評的和嚴格的檢視方案運作和成果（Rutman，1977：13）。方案評估是在公部門或是私部門機構中所執行的方法，用以檢視方案的效率，並決定新方案是否針對其服務的族群，達成其預定的目標。舉例來說，某兒童福利機構希望評估一個「提昇有特殊需求的兒童之領養特別方案」的執行成果。在檢視方案執行的各個組成部份後，此機構可以決定此方案是否有達到提供最多的服務，以及最少的浪費與投入努力的目標。在比較方案原初的目標與真正成果或結果後，機構可以瞭解其目標是否被實現了，也可以瞭解方案是否要繼續或是應當要修正。

評估方案的目的

　　評估社會福利方案有幾個目的。首先，我們可以透過評估幫助機構做未來的計畫，以及機構方案的管理（Portney，

1986)。如果這個「有特別需求的領養方案」所需要的經費太多，但是只有少數個案被領養，那麼管理者必須要決定機構在個人、行銷與服務上的投資，是否符合成本效益。也許運用在此特殊需求方案的經費，比使用在寄養服務方案上的處遇會更有效，也就是說，補助提供特殊需求兒童寄養家庭，而不是尋求永久領養或是機構化養護。

另一個方案評估的功能是對於捐款者維持債信(accountability)。購買服務契約意指從機構外部所獲得的補助金，以及從社區所得來的捐款等，他們都會要求機構必須要評估方案成效。提供捐款與資源者有權去暸解他們的捐款是否被運用在他們所期待的目的上，並且盡量以最有效方式來執行。

評估方案也是想確定方案是否出現未曾預期的效果。如同我們在第二章中所提及的，決策是在有限度的理性限制下所做的，也就是說，沒有人可以知道所有可能的選擇，以及這些選擇的所有可能的結果。就算方案的起點是善意的，也可能會有無法預測的負面不良結果。舉例來說，威斯康辛州有個稱為「強制學習」(Learnfare) 的方案，它要求領取依賴兒童家庭補助的家庭的少年必須去上學，否則他們的社會福利金就可能會被削減。這個方案出現了一個無法預測的結果，有許多申請領取 依賴兒童家庭補助的少年父母因此棄權。因為他們無法負擔子女的兒童托育的費用，或是接送小孩去日間托兒的費用，於是這些少年父母便無法上學。這個方案設計所針對對象也就是少年父母，但是他們卻有不上學的理由。因為日間托育的費用遠超過強制學習方案補助現有兒童照護的經費，像這種事先未能預料的結果，在評估類似強制學習方案的其他各種方案之缺失時，這是相當重要的部份。它不但沒有為威州在依賴兒童

家庭補助方案中省錢，結果導致州政府增加了許多日間托育的經費，可說是一個昂貴而且難以執行的方案。

方案也可能利用系統地方式評估，以獲得政策執行和成果的量化實證的敘述資料。對方案成效只有模糊和未考證的觀察測量，無助於做管理上的決策。行政主管需要的是實證的觀察，也就是數字、特殊個案案例、成本效益比率等，並以此做為管理決策的基石。

評估前的準備工作

在評估者在機構中對方案從事大規模的評估之前，必須要先回答四個重要的問題。

首先，誰來評估方案？方案通常是由機構內主管或是員工做的非正式評估。機構內部評估所需要的時間較少，因為員工對於方案如何運行較為瞭解，也較容易得到評估所需要的資訊。然而社會福利方案的內部評估，有偏頗的可能 (Rutman，1977)。最廣泛和可信賴的方案評估必須要仰賴外部評估者。因為它們對方案之執行較不偏頗，比較可能客觀，不會因為反映方案的問題而影響到他們的工作。他們不會受到機構的內部壓力，以至於把受歡迎的方案評價高，而把不受歡迎的方案評價差。他們對於機構方案和員工也沒有先入為主的觀念，而加權成為一個嚴格和挑剔的方案評估。

第二，評估的重點是在輸出(output)或是影響(impact)，或是兩者都有？如果評估者只重視服務的案主數量、服務時數、服務人次、經費花費，以及其他的量化評量，這樣的評估稱為輸出評估(output evaluation)。輸出評估主要是用來描述而不是分析，它們中肯地報告有關方案執行的數據，但是，並不分析

方案的影響與成果。輸出評估只是報告，而不去評估文字的真正意涵。而影響評估 (impact evaluation) 除了包括輸出評估中的量化資料之外，還同時包含關於方案的非量化方面之描述性與分析性資料。社區對方案的瞭解和認知、員工和服務對象的士氣、此方案對社區其他的方案之影響、此方案對於特殊服務對象的影響等等，都是影響評估中所涵蓋資料的例子。

有些方案並不適合使用影響評估。當目標並不夠清楚或不易測量時，只有輸出的度量能夠成為評量的對象，其他的方案雖然可能只有些微和不明顯的量化測量，但是卻對社區或是機構有非常明顯的非量化影響。

讓我們回到那個特殊需求領養方案，為了討論方便，我們假設此示範方案在一年中，只有安置了六位有特殊需求的兒童到領養家庭中，一年中共花費四萬五千美元的執行費用，比起機構中的養護，每個兒童生活在永久領養家庭中，一年為州政府節省超過三萬美元，也就是在每年都節省了十三萬五千美元。雖安置的個案數並不多，但所節省的費用卻相當龐大，這些都是以輸出評估所描繪出的概況。

除此之外，有許多住在社區裡的夫婦，在參觀機構於領養過程中所提供的服務後，諮詢有關特殊需求領養方案的過程，而地方報紙也與機構合作，報導與提供一系列有關於領養過程與特殊需求兒童的資訊，以協尋特殊需求兒童的領養家庭。這些活動促成增加了社區的敏感程度，透過當地學校系統來服務有特殊需求兒童之教育的重要性，這些都是影響評估所包含的部份。如果評估只局限於六個兒童的安置，我們將會忽略這六個兒童對於社區中有特殊需求兒童的領養過程，所帶來影響之重要性。

第三，如何使用評估資料？評估通常是應決策者之要求而進行，而評估也必然有政治議程 (political agenda) 的關連性在內(Palumbo , 1987: Rein , 1983)。評估方案時，要特別找出方案失誤之處，並儘量減少方案正面效果是相當容易的。反之，為了特殊目的而只強調方案的正面影響，而儘量不提負面效果，也是很容易做到。

　　舉例來說，在一九九〇秋天，威斯康辛州的強制學習方案提出一項方案研訂前的輸出評估，其特定目的在於評估受強制學習方案影響的目標人口群之特性(Quinn ,Pawasarat , & Stetzer, 1992)。這個方案研訂前的評估工作，並沒有想要去分析強制學習方案是否有達成目標。然而，此一工作對指認問題相當有用，在強制學習方案中，就對個別學生、學校系統和郡之社會服務部門嚴格要求上課的出席率。另外，這項評估也區分出有哪些領取依賴兒童家庭補助的未成年者，會因為年齡、無法負擔日間托育費用，以及正式被學校開除等因素的限制，而排除於強制學習方案之外。方案研訂者雇用一個私立的研究與評估公司，要求儘量少批評來進行評估，因而這個評估就有政治性干預其中。因為後來的結果並非此一主控者所期待的，因此報告就被認為有疑問。評估者被認為對方案的原來的構想有敵意，並期待評估者可以用較為寬容的態度來看待。到這篇文章寫出來為止，又有另外一組政策評估的團體被雇用去評估此方案。這是一個政治性因素影響方案評估的沈痛例子。

　　第四，完整地評估方案有可能嗎？Rutman (1977) 主張方案要能正確適當地評估，必須要符合三個要件：

・方案必須要非常清楚的陳述出來，也就是必須要對方案

的範圍 (entail) 有一個精確的說明。

· 必須要訂定清楚具體的目標或是期待的方案成果。

· 方案干預方式和方案所期待的目標或成果之間的連結，
必須要有合理的道理。

讓我們回到強制學習方案，我們知道讀完高中學業的人，在成人後比較不會成為福利的依賴者，而學生必須要到校上課，才可能從學校畢業。於是上課出席可以減少目前或未來的福利花費，這個說法聽起來似乎很合邏輯。另外，如果領取依賴兒童家庭補助的少年不去學校，州政府便可減少他們或他們家庭的補助金，而這也將可以減少政府福利經費支出。不管上述那個理由，都可以因為要求學生留在學校而省錢。現實狀況真的是這樣嗎？這個結論基於一個錯誤的假設，也就是留在學校保證學生可以得到一個好的教育，或是學到能找到工作或保有工作的必要技術。然而，高出席率並不等於學到基本的讀寫能力或工作技能。在這個例子中，方案與其目標雖然很清楚，但是其方案和其所期待的目標或成果之間，卻沒有合理的連結。假使強制學習方案基於一組錯誤的假設，那麼它可能適切地被評估嗎？

這四個的問題構成方案評估前的事前必要的工作。如果方案評估沒有這四個必備的條件，則方案評估的適切性和實施方案的巧思，便值得質疑。

指認方案目標

方案評估流程中的第一步便是指認方案的目標與變項，並依此來測量是否達成目標。把方案形成時最初的目標和後來的

成果作比較，是評估方案最簡單也是最為直接的方法 。事實上，如果所有的社會服務方案都有明確和可測量的目標，那麼方案評估就是一件容易的事。

　　本書第二章討論在社會服務方案中，先天上要有清楚目標就不容易，因為社會福利不明確的技術學，以及社會服務干預不容易量化，再加上社會服務領域中，進行衝擊性和結果之評估的複雜度，使之難上加難。如果我們不能有明確可測量的目標，我們要如何評估方案是否達成其目標呢？

　　當方案沒有清楚具體的目標，那麼在評估方案前，我們必須重新建構目標。前面所提及的兒童福利機構之特殊需求領養方案，其原先的目標陳述中，並沒有包含量化的測量，但是我們也許可以藉由與行政主管和社會工作者會談，重新建構可測量的方式來衡量「成功」的目標。但是這樣做可能會有本質上的危險，因為很難去重建方案原先的意向，尤其是處在被期待對方案做正面評價下。

指認評估變項

（一）分析的對象

　　評估者在指認計畫原來的目標或是重新建構一組目標之後，接著便必須要去指認分析的對象 (Tripodi, 1983)。分析的對象意指利用對案主、團體、方案或組織的研究來評估方案。在前述有特殊需求的領養方案中，案主與方案就是分析的對象。其中去觀察參與此方案對於特殊需求的兒童之影響，是非常重要的。同樣的，瞭解方案在兒童福利機構中所扮演的角色也很重要。當評估強制學習方案時，我們應該注意的是個人、家庭、學校和依賴兒童家庭補助方案，這些分析的對象是我們

在評估方案時，相當重要的部份。

(二)選擇分析變項

選擇變項的第二步驟，是去指認真正要被研究可量化的變項。例如在強制學習方案中，在方案執行前後，我們應當去瞭解領取依賴兒童家庭補助的家庭的出席率有何差異。我們也應當要瞭解，依賴兒童家庭補助這些家庭的花費總額，在方案干預後有無改變。在評估時，量化變項給我們有力的數字，這些數字不論在輸出或是影響評估中，都是最強而有力的量度。

變項不應只局限於可測量之項目，一個完整的方案評估也應包含非量化的測量，例如領取依賴兒童家庭補助家庭對於此方案的反應；學校被要求去促進無缺課的出席率之經驗、社會工作者在持續推動強制學習方案時，面對家庭的怨言與反對後的反應。在這些主觀範圍內中，我們才可能去指認出政策決策之後未預期的效果。

(三)指認資料來源

資料是我們評估方案時所需要的資訊。首先，我們可以從既有的資源中取得，也可經由調查、問卷或面談的方式收集。現有的資料來源包括公私立機構之記錄和政府的資料檔。例如在評估特殊需求的領養方案上，我們應去檢視兒童福利機構的記錄，包括領養成功的兒童數目、領養服務之成本、領養家庭所需之成本、機構安置這些兒童之費用、有多少對夫婦前來詢問有關特殊需求領養的問題等方面，其在特殊需求的領養方案執行前後的差異。第二種資料來源可以利用面談，或是將問卷寄給領養家庭、監督安置的社會工作者和行政主管。問卷是收集非量化資料的好方法，可以多元地呈現方案的成效。

收集與分析資料

在指認資料來源之後，接著便要從事收集與分析的工作。依據被評估方案的大小與重要性，而決定分析的複雜度與方式。其可以是使用電腦資料分析的正式過程，或是資料收集結果之簡單估算。在大規模方案評估中，以下所討論的政策研究之方法，可能會是最為合適的。至於小型的方案分析，只需要簡單的描述就已足夠。

為評估方案所收集的資料之分析中，提供「之前和之後」的資料是非常重要的部份。如果我們在方案開始之前做事前情況的評估，然後在方案執行後再做一次評估，我們可以得到有關方案的全面影響（impact）之較具體而有意義的想法。於是我們將方案視為一種干預，就像我們評估社會工作者的干預對服務案主生活的影響與重要性。對特殊需求的領養方案來說，首先我們要去瞭解在方案執行前，機構成功媒合特殊需求的領養案件數，然後評估在特殊需求的領養方案執行後，所增加的特殊需求的領養數，以及所帶來的好處。藉由這些數字的比較，我們可以初步瞭解這個方案的效果和影響，這是直接以方案預期結果的方式來評估。

在這個評估階段，我們同時還需要檢視方案非預期的效益和結果。有時非預期的結果是正向的，例如特殊需求的領養方案，然而有時是負向的，例如強制學習方案。將未預期結果納入評估，比局限於評估正向結果的評估，更能夠瞭解方案真正的意義和價值。即使方案可達到其原本之目標，並顯示出獲得正向的結果。但是如果未預期結果有嚴重的危害性存在，那麼就不應當再繼續這一個方案。**表 7-1** 列舉了許多社會福利方案

表7-1　在選擇性社會服務方案中預期與未預期結果之例子

方　　案	預期結果	未預期結果
有依賴兒童之家庭的協助方案	單親家庭在經濟上有較多的保障	雙親家庭可能會為了符合資格而離婚
增強兒童支持方案	雙親得依其能力共同分擔兒童成長所需之經濟支持	離婚原本就未解決的議題，再次以金錢的方式出現。結果可能會導致未照顧孩子的父母不被歡迎接觸孩子。
食物券	家庭每個月的消費中，有固定比例必須要花費在食物上。	有許多方案無法涵蓋的項目，例如嬰兒尿布。可能會造成非法地販賣食物券，以換取現金添購其它的生活所需。
醫療補助	即使兒童與其父母沒有保險，他們有以支付醫療照護費用之途徑。	因為缺乏誘因，這些家庭可能會利用醫院的急診室得到例行的醫療照顧。

中，常見的預期與非預期結果的例子。

評估結果報告

　　方案評估的最後階段是報告評估的結果。在正式評估中，結果是以整份報告的形式提交負責方案的機構主管或是部會首長。好的評估應當要同時著重正向與負向的評估結果發現，就像我們評估案主的優缺點一樣，將方案的優點與缺點呈現出來，也是相當重要的。這些優點是方案改善與修正的基礎，而缺點則是需要被加強或去除的地方。

　　大部份的方案評估都包含以評估的發現為基礎之建議，例

專欄**7-1** 方案評估的步驟

步驟一：指認評估之目標
步驟二：完成評估前的準備工作
‧誰來評估？
‧評估所檢驗的輸出或是影響？
‧評估的發現將如何被使用？
‧方案可以被評估嗎？
步驟三：指認方案目標
步驟四：指認評估之變項
‧何謂分析的對象？
‧變項是用觀察或是測量的方式量度？
步驟五：收集與評估資料
‧指認方案的預期的結果
‧指認方案的未預期的結果
步驟六：報告評估的結果
‧指認方案的優點與缺點
‧描述方案的效果
‧如果需要提出如何修正的建議

如這個方案是否必須要繼續、修正、擴張或發包等等。有哪些非預期結果是正向的？還有哪些是應要注意的負向結果？方案經費的使用是否依循公平正義的原則？方案是否需要更多的經費才能達成其效能？這些問題都是評估報告中可能會包括在內的建議。

綜合言之，方案評估包含六個不同的步驟，將摘要在**專欄7-1**中。首先評估的目的必須要清楚容易懂，爲何要評估？對象是誰？第二，在評估前必須要完成幾個活動，包括決定需要輸出或是影響評估、將如何使用評估結果與發現、方案是否夠清楚而可以評估、評估是否誠實等等。第三，評估目標的指認是由方案原來的目標陳述說明，或經過重新建構過程後所產

生。第四，在方案評估時，指認的變項要能提供有用資訊。第五，方案必須要收集與分析資料。最後，必須要以實用的形式提報評估的結果給要求評估者或決策者。

你未來投入專業領域，或從事自己的方案評估時，方案評估是你在評估過程中最普遍的形式。接下來我們將檢視大範圍的政策評估，也就是政策研究。

政策研究

大規模的政策研究大部份是由專業的政策和學術單位的研究者來執行，比起機構內的方案評估，他們所運用的是更為嚴格的方法論。政策研究者在這個部份最主要關切的是，對於相當多數的人民來說，一般性或特殊性的政策所產生的影響，而不只研究特定機構所服務的案主。舉例來說，研究者探究的是全國性的勞工政策，對於領取依賴兒童家庭補助者在獲得合適的工作，以及其可能產生的影響。或者，從精神病養護機構施行「去機構化」之後，對於患有慢性精神疾病的遊民數目的之增減是否有影響。針對食物券 (Food Stamp)、低收入戶的醫療補助 (Medicaid)和所得維持的大範圍研究，都是大規模研究的例子。

科學方法政策研究

針對方案研究的本質來說，研究者運用科學方法，那是很精準的一套傳統的實證研究過程與步驟。研究步驟的摘要在圖 **7-1** 。政策研究的科學化方法包括六個步驟，和方案評估所使

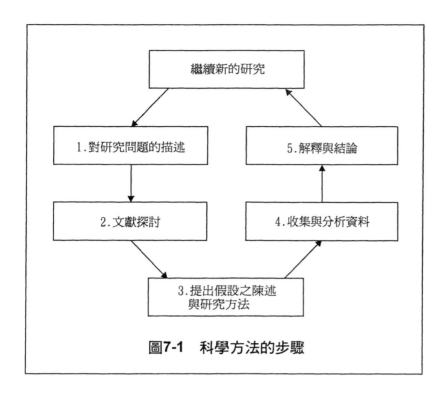

圖7-1　科學方法的步驟

用的方法步驟類似。以下我們將利用「去機構化」之研究為例，探討對患有精神疾病的遊民之影響，說明如何從事研究計畫。

(一)陳述研究問題

在社會福利政策的實證研究中，第一部就是陳述研究問題。也就是說，研究者必須要清楚的陳述所要研究主題的目的和原因、促使此研究執行的原因、此研究未來可能會如何使用（使用目的）等等。在去機構化的議題中，研究者必須要提出機構照護的人數，以及精神疾病者成為遊民的量化評估比例。提供制定政策者對於此問題能有足夠的瞭解，以便決定針對遊

民族群，需要提供多少經費和何種社區支持的方案。

研究問題的陳述也同時對將會對使用的研究過程作一簡單的引介，指出資料來源是使用問卷、調查收集資料或是用現有資料，以及資料分析的方式，以描繪未來研究的藍圖。

(二)文獻探討

將研究大致的、清楚陳述之後，研究者必須去瞭解回顧在此領域中已經做過的研究。有無其它的研究也重視相同的議題，如果是的話，他們有何研究結果。在機構化之後，有何因素可能可以減少遊民；以前曾經提出何種解決方案和政策，來減少成為遊民的機會。

文獻探討幫助研究者避免重複做以前曾經做過的研究，並可指引研究者在研究時，所應要注意的部份。以往在研究此問題時，有什麼是非常重要的因素？如果研究者發現，社區的大小時常被用來預測因為去機構化後所影響的遊民，那麼應包括此項資料在研究的問題之中。如果先前的研究指出，性別並無法預測遊民的發生，在未來研究中便無須加入此一變項。利用文獻的回顧，研究者得以更加瞭解已做過何種研究，有什麼變項是在瞭解此研究問題時非常重要的，而有什麼領域的探討尚未足夠，或是不適合現在的環境而需要更新。

通常在研究問題的陳述與文獻探討上，必須要投入相當多而廣泛的時間。因為實證研究本身的花費是相當昂貴的。在研究之前審慎的考量清楚，可以減少代價高的錯誤和重複已經做過的研究。

(三)假設的建立與研究方法

在詳盡地做過文獻探討的檢驗之後，研究者通常會提出幾個有關變項之間可能關係的假設，或是嘗試性地陳述。舉例來

說，研究者可能預測慢性精神病患會成為遊民的數目，主要是和精神病機構地理上的可近性有關。這個假設是從結論而來，也就是說，如果精神病患在去機構化後回歸社區，他們受限於在社區之外可能缺乏社會支持，而會選擇離開社區不遠之處。當時和他們同在機構的病友可能是唯一的社會支持來源。另外一個假設是有關精神疾病的遊民數目，可能和是否可以申請到單人房的居住旅館 (single-room occupancy hotel) 有關。單人房的居住旅館乃是低收入戶者可以負擔的住宅來源 (Lamb，1984)。在有收入限制以及無法與別人共同居住的困難限制下，患有精神疾病者在單人房的居住旅館生活，要比在傳統的公寓生活受到更多的限制。這些假設將研究的焦點集中，並且引領資料收集的方向。

在假設提出之後，研究者便要選擇所要使用的研究方法。也就是說，研究者要如何獲得所需要的資訊，並且檢視先前提出變項之間關係的假設或嘗試性陳述是否適當。假設永遠都無法被證實，研究者最多只能說研究之發現是支持或不支持假設而已。研究方法可以包括調查或是使用現有的資料檔、人口普查 (Census) 或是社會普查 (General Social Survey) 的使用。如果現有的資料檔無法使用，原始資料也可以重新收集。計畫使用何種統計和分析方法來評估資料，其中研究計畫的假設關係是決定使用何種方法論的重要因素。

（四）收集分析資料

在收集資料之後，研究者應用在方法論章節所提出的分析方法來研究。在這個部份包含資料的描述性摘要，例如研究的遊民數、之前在機構待多久，以及其他可以幫助我們瞭解所要研究族群之基本特性。研究的分析報告部份，包含在原本的假

設前提下，將研究發現中所呈現的關係清楚陳述。在精神病養護機構的地理區位和社區中的遊民數之間，是否有統計上的顯著相關？社區中僅有少數或沒有低收入住宅的地區，是否有較多的罹患精神疾病的遊民？

在這個研究的階段，研究的執行者與消費者在提出變項之間的關係時，要相當地謹慎小心，尤其當其間的關係並非強烈到有足夠意義。例如大部份的都市地區都同時有精神病養護機構，以及罹患精神疾病的遊民，但是只有當這些患有精神疾病的遊民原本就在這個地區的醫療院所治療住院過時，其間的關係才會有意義。此時我們才能有相當程度的把握說，他們選擇停留在這個地區的原因，是因為和過去同院的病友之間的情誼所導致，而且其數目必須要足夠大，而非巧合因素造成。以假設來分析資料之間的關係，必須要相當嚴格而不偏頗。

（五）解釋和結論

在政策研究中，最後的步驟便是解釋研究的發現，及其對於社會福利政策之間關係。經過驗證，何種變項是與患有精神疾病的遊民數目增加最有關係？有關此問題，原來在政策中所建議的解決方法為何？可減少去機構化負面結果的有效方法為何？以及可增加正向結果的方法為何？這些問題的答案，可以協助政策的決策者和執行者，作為方案面臨必須要改變修正時決策的依據。

政策研究的途徑

在政策研究中有三個主要的方法，每一個所關注檢視的社會福利政策的角度，只有些微的差距。

(一)政策制定過程研究

在政策研究中有一種方法是研究政策制定的過程，這部份在第六章中有較爲詳盡的說明。這個研究類型的前提是，如果我們瞭解政策制定的過程，可以協助我們瞭解政策爲何和如何制定，以及這個過程如何決定最後政策的形成 (Portney，1986)。這種政策研究方法主要著重在描述性，而不是分析性的研究。雖然在政策制定過程中，原本就包含分析在內，但是它並沒有特別注重在政策形成之後所帶來的影響做廣泛性的結論。這種研究就是大家所知道的「形成性政策研究」（formative policy research)。也就是說，它著重政策的形成，而非去描述政策對於案主與機構的整體影響 (Tripodi，1983)。

在第六章所提及，對於強制少年執行親職行爲的例子中，用來描述其形成過程所使用的問題解決模式，就是此種描述性研究中的一個很好的例子。

(二)因果途徑

第二個政策分析的途徑是較具分析性的政策研究方法，稱爲「因果途徑」(Cause and Consequences Approach) (Portney，1986)。這類型研究的評估重點在於，從指認社會問題到執行政策之間的過程，和評估該政策對原來的社會問題所造成的整體影響，這是屬於社會政策價值的評估，相似於方案評估中所指出的過程。

政策不可能同時爲自變項和依變項，當政策被視爲對現存的社會問題之影響因素時，政策即爲自變項，換言之，就是去研究政策執行後的結果。同時政策也可能是依變項，也就是將其認爲是依先前的社會問題所形成的政策執行效果。這種類型的政策研究也就是「總結性政策研究」(summative policy research)。它同時具有描述性與分析性，可以類推到其他類似的政策。

(三)規範性的政策研究途徑

第三個政策研究的方法就是規範性的政策研究途徑 (prescriptive policy approach) (Portney, 1986)。規範性的政策研究途徑依據前面對於既有政策所帶來衝擊性影響之資訊，以及其所反映關於政策下的計劃在未來可能會繼續存在的效能，所提供的建議或是指示政策。希望藉由近似科學化的方式，為未來的政策決策上最有可能的行動方向提出建議。 規範性的政策研究通常是由研究機構和大學和學院合作，運用複雜的電腦建構模式之技巧來完成。

分析模型

本章所討論的方案評估和政策研究的方法，通常是因為特殊的目的而聘請專業的政策分析者來執行。不論是方案評估或是政策研究，都必須先對本書所論及的範圍，有相當程度的瞭解與練習才能完成。至於社會工作實務人員在工作上，也必須為了服務對象，時常去評估社會福利政策的重要性與影響。就像本書一再強調的，沒有任何一個社會工作者可以和社會福利政策的執行無關。不僅是為了他們的服務對象，也是因為他們工作身處的環境，亦即社會服務機構。

不幸地，實務工作者通常對於政策大多是屬於個別性的接觸和反應，而不是以有系統的、謹慎的方式來檢視政策與政策所造成的效果。事實上，在對政策沒有基本的瞭解下，的確很

難成爲具有社會福利政策批判能力的消費者。

　　接下來我們要討論的這個模式，是特別爲社會工作實務者
所設計。它所提供的是一個方便我們記憶的模式，不論是評估
被提出的政策(形成政策評估)，或是評估政策在執行後所產生
的影響(總結性政策評估)時，都有應當注意的問題存在。利用
每個字的字首　ANALYSIS　，來記憶模型中的八個重要部份。

A：途徑(Approach)

　　如同我們之前提及的，在設定評估過程的階段時，對於要
評估的方案做一簡單的摘要說明是很重要的。首先，我們要先
瞭解評估政策時所將使用的途徑 (approach)，方案將採取現金
給付、實物給付，或者是服務的方案。此方案有資格限定（如
資產調查）嗎？或是不論收入和資產，都可以獲得（普及
式）？此政策的制定是爲了解決立即性的需要和問題，也就是
消費性途徑（ consumption approach)，或者是爲了長程的目
的，所做的投資性途徑(investment approach)？方案所宣稱的目
的爲何？藉由這些基本的問題，可幫助我們瞭解方案的動態與
動力，也可以協助我們訂定 ANALYSIS 模型的其他階段。許
多對現行社會福利政策的批評，其實是源自於對政策和政策的
原來構想的不夠瞭解。

　　在政策中反映出何種態度和價值呢？社會存有的態度和價
值，模塑了今日的社會福利政策。不論是現在或是未來，這些
態度和價值也將持續影響那些政策。在強制學習政策下所呈現
的態度爲何？很清楚的，在此政策中所表現的是社會控制和處
罰的態度。如果領取依賴兒童家庭補助的家庭不夠關心他們小
孩上學的情形，那麼州政府便會給予他們金錢上的誘因。然

而，社會控制和處罰的態度真的能夠長期有效地強調這個議題嗎？

　　另外一個重要的部份就是社會福利專業人員的態度和價值。全國社會工作協會的倫理守則列出一套社會工作基本價值，以引導社會工作專業人員的基本專業價值。然而，有時候社會福利政策的執行，卻會與這些專業價值相互抵觸(Prigmore & Atherton , 1986)。例如強制學習方案便抵觸了社會工作價值中「案主自決」的原則，它侵犯了尊重案主有權為自己做決定的原則。通常實務工作者之所以對社會福利政策有負面的反應，就是因為面對這些價值衝突時所遇到的不舒服感受。所以具體指認政策中所反映出來的態度與價值，將有助於改善我們對於政策的評估。

N：需求(Need)

　　在 ANALYSIS 模型中的第二個步驟是謹慎地評估，政策所想要滿足的是什麼需求，也就是什麼社會問題導致政策的出現和發展，是否已經詳盡地做了需求探究，或是因為議會的要求而推動議員所制定的政策。舉例來說，聯邦燃料援助方案對於那些有嚴寒冬天的州，是很重要的方案。因為對於低收入的家庭來說，這是攸關生死的。然而這個方案對氣候溫暖的其他州而言，此方案就不是那麼重要了，因為低收入的家庭並不會因為缺乏能源而凍死。

　　在政策中所重視的是需求是如何在方案中被認定的？如果我們認為低收入戶家庭的少年需要教育，那麼高上課出席率就可以解決這項問題了嗎？上課出席並不代表可以獲得市場所需要的技術，以及獲得工作的能力。就邏輯上來說，也許徹底的

技術訓練和就業機會的創造，也許和需求更為相關。即便少年得到高中教育的文憑，他們又能做什麼？對於原本就無法在傳統教育模式下成長的學生而言，強迫他們留在學校，能有多少效果呢？

在評估需求時，你必須要注意，政策是否真的合理地回應了需求上的滿足。在威斯康辛州的強制學習方案中，以強制學校的上課出席率來降低公共依賴，看起來似乎蠻合理的，但是當我們更詳實地檢驗後，發現並非如此。我們知道去學校並不等同於保證得到好品質的教育，但是，強制學習方案是否曾關注為什麼孩子不上學，或者在他們從高中畢業後，無論如何他們一定可以找到工作？雖然此方案是從善意出發，但是，在被指認出來的需求與滿足需求的方案之中，它並沒有做出最好的連結。

A：評估(Assessment)

在 ANALYSIS 模型中的前兩個步驟，主要是說明政策或方案的基本前提和運作，以及政策中需要去關注的需求範圍。ANALYSIS 模型所評估的部份是從對於方案效果的事前準備評估開始。藉由指認方案或政策的優點與缺點之具體證據，我們才能從事前準備工作的結論中去得到方案的效果。

(一)指認方案之優點

即使我們不贊成目前提出來討論的政策或既存的政策，但是仍然必須要瞭解，大部份的社會福利政策和方案都是從善意出發與發展的。然而我們雖然對方案的善意有所瞭解，並不包含因此寬恕其執行上的問題。舉例來說，威州的強制學習方案，適切的定義出教育和經濟自立之間的顯著連結關係，也就

是說，除非至少擁有高中畢業文憑，少年是無法達到任何層次的財務安全水準。此方案的優點是將此重要連結提出。另外一個優點就是強迫少年重返學校，這使學校系統得以瞭解學生輟學最重要的原因和問題，例如學生有特殊需要，以及缺乏適當的兒童托育。

讓我們繼續尋找方案的優點，我們需要知道政策在達成其原來的目標上是否有足夠的實證性證據。我們可以從方案記錄，和與方案參與者的會談中得到什麼呢？強制學習方案可以透過下列方式來評估，如比較領取依賴兒童家庭補助的少年，高中畢業者在畢業後是否成為經濟自足者，在方案執行的前後的不同。這個方法雖然在實務上可能難以做到，但是它代表一個理想。另外一個較為可行的方式是，與方案的相關者會談，例如高中輔導諮詢老師、校長、公部門協助的工作者，以及少部份的少年。雖然這樣的評估並不認為相當科學，但是，大致上它可以提供你方案的優缺點的想法。在評估政策時，這是一個比你個人單純去排拒政策，較為專業負責任的作法。

(二)指認方案的缺點

從事政策或是方案分析的最主要原因就是，去探究方案必須要改進的要素，以達成對服務對象更好的服務。評估政策或是方案有無達成其目標，或者是否發生了未預期的危險後果，其評估指標為何？方案是否威脅到案主在法律或倫理上的權益？當你在收集方案或是政策的資料時，方案的參與者認為政策或方案的缺點或問題何為？

ANALYSIS 模式的評估階段與在社會工作實務中所使用的「問題解決模式」的評估階段類似。評估方案的缺點幫助我們指認出需要改變什麼，而方案的優點則成為改變的阻礙。

L：邏輯(Logic)

　　政策的目標是否是依據邏輯思考而來，並利用方案設計的方法來解決？干預的想法是否依循人們如何行爲的邏輯原則來設定？我們對於人類行爲的知識指出，除非是他們自願改變，我們無法強迫人們改變。不喜歡上學的兒童可以利用強迫的方式將他們留在學校，這在邏輯上可行嗎？每個學生都知道，如果他不想留在學校，可以用什麼方式讓學校將他開除。而每個父母也知道他們可以強迫孩子做什麼，又有什麼是他們強迫不來的，而這其中當然包括上學這件事。父母能說服孩子比起目前輟學後投入地下經濟中得到快速和容易的錢，還不如待在學校至少念到高中畢業就業，雖只能獲得最低工資，但加薪較快且更令人滿意。有許多政策的決策在對人類行爲的邏輯上的瞭解，是相當匱乏的。

　　方案是否表現出與我們邏輯上認爲的有效服務輸送相同？服務如何輸送與方案如何被執行，強力的影響其成功的機會。以實物給付的方案爲例，食物券的確可以有效的將低收入家庭的補助限制在食物上，但是也同時限制了領取者家庭每月收入如何花費的選擇。現金的收入維持方案允許領取者有花費其收入的自由，但是並無法保證這個家庭是否會因爲沒有將房租納入每月花費的考量，而面臨被逐出房子的危險。強制就學方案對沒有服從方案要求者（上課出席），使用的是處罰的方法（減少依賴兒童家庭補助部份比例的補助金）。有些行爲學家主張在影響行爲上，利用威脅處罰的方式是比較有效的；然而另有其他的學者認爲，人們較願意因獎賞改變。而強制就學方案簡單地說，就是對有出席上課孩子的家庭提高其每月的福利

金。你認為何種方式會比較有效呢？

Y：你作為一個實務工作者的反應

在成為一個專業的社會工作者的過程之一，便是學習相信自己對於服務對象與社會福利政策的洞察和判斷。以ANALYSIS 模型來說，你便被要求要謹慎小心地考量你所想到的，不受其他人對於社會福利政策的意見與洞察影響。這個政策對你來說有什麼意義？你認為社會政策如何影響服務對象和社會工作者？對於你所屬的社會服務機構來說，又產生了什麼問題或是好處？

對於此政策，你所關心和印象深刻的部份為何？你認為政策對於服務對象族群，有什麼缺點大於優點的負面未預期結果？此政策是否也有未預期的正面結果？你的服務對象對於政策的認知和看法又如何？對你來說，將你自己對於政策的感覺和洞察，與實證的資料相結合，將可以使政策分析的過程更具其意義。

S：支持(Support)

執行政策的經費從何而來？有些政策並非以提供服務為主要的目的，而是為了規範。也就是說，政策的設計是用來增強規則，而不是提供服務。如果方案是由外部資源的補助金所資助，這樣的來源並不完全可靠。因此，方案在再度得到資助以前，將會受到嚴格仔細地審視，或者社會服務機構被要求必須做出對長期的資助的承諾。其它的方案若是因為州或聯邦法律所規定而來，他們的財物分配便會與較為傳統的資助來源有密切的關係。資金來源是如何影響或要求方案可做或不可做的是

什麼呢？方案對外部資源如何表現在財務方面責信的態度呢？

第二個評估財務支持的部份，是去評估方案是否以符合成本效益的方式完成。如果方案花費非常昂貴，但是只服務了少數的人，其成本效益將受到質疑。如果方案雖然需要大筆納稅人的錢，但是就長程來說可以節省社會成本，其成本效益便較容易正當化。

第三種類型的支持意指付錢資助方案者的一般大眾。例如有些人對於墮胎有強烈的道德信念，他們寧願支持公共部門資助孩子成長到十八歲的費用，而不願將納稅人的錢，花在協助低收入家庭的女孩墮胎之手術費用。他們對於方案的成本效益之評估和財務所關切的考量重點關係不大。

I：創新(Innovation)

創新意指透過此管道，使方案得以改善。是否目前雖然運作良好，但是需要更多人力或經費才足夠？是否方案只需要些微的改變就好，或是需要大範圍仔細地檢查翻修？這些改變可能在機構層次完成，或是必須要經由其他規範實體，修正行政法規才能改變其缺點？

S：社會正義(Social Justice)

政策或方案是否與社會福利專業所追求的社會正義之承諾相互一致？政策是否回應與關切以往對被社會壓制者在處遇和機會上不平等，如女性、少數民族、男同性戀者或是女同性戀者等等。如果社會福利政策和方案使不平等永久持續地存在，或對於那些原本就是弱勢者，設立了更多的障礙和限制，我們作為一個實務工作者就不能隨便接受這些政策和方案。即使協

助就業的方案再好，不管有多少家庭可以得到協助，對於一面領取依賴兒童家庭補助而且一面工作的母親來說，提供不適當的兒童托育是我們無法接受的。爲了有利於父權社會所主張的政策或方案，其中所呈現對女性的歧視，也是我們所不能接受的。不論是現存的或是正提出討論的社會福利政策，都必須要對社會正義的議題敏感的引發社會注意受到不公平對待的人。爲了那些面臨社會不公平的利益者，將是我們實踐專業最重要的功能，並且爲他們倡導辯護，扮演最重要的專業功能。爲這些沒有聲音的族群說話，是我們專業的角色之一。

ANALYSIS 模型的摘要

在討論完 ANALYSIS 模型各部份之後，作爲一個社會工作的實務工作者，你有什麼樣的看法和結論？什麼樣的改善、改變或決策是你想要提出建議的？在你做出結論之前，你必須要知道什麼資訊？你是否可以因爲政策的分析，而對它有更深一層的瞭解？

摘　要

本章探究了三種主要的社會福利政策評估的類型，方案評估包含在單一機構或是社區中，以評估某一特殊方案效果。政策研究需要使用科學化的方法，有系統地評估與政策相關的假設和實證觀察所得的資料之間的關係。ANALYSIS 模型提供讀者在討論目前現行的政策與正提出討論的政策時，必須提問的一系列問題。**專欄 7-2** 將 ANALYSIS 模型重新整理。這三

┌───┐
│ 專欄**7-2** 政策評估的ANALYSIS 模型   │
├───┤
│   │
│ A 途徑:簡單地描述所要使用在現行或是正提出討論的政策之方法，在 │
│   政策中呈現出何種態度和價值？政策與可以接受的助人滿足需求的價 │
│   值，是否一致。   │
│ N 需求：政策試圖表達關切何種需求？有需要干預之事實資料如何取   │
│   得？可以用什麼指標來驗證評估政策是否符合需求？   │
│ A 評估：政策或方案的優缺點為何？如何從公共記錄、專業的經驗、以 │
│   及參與方案者等所得的資料，來驗證方案的成功或失敗？   │
│ L 邏輯：現存的或正提出討論的政策，是否合邏輯地以我們對人類行為 │
│   的瞭解和可接受的案主服務輸送方式為基礎，提出需求和解決問題之 │
│   方法間的是連結？   │
│ Y 你的反應：從專業經驗為基礎，你認為政策有效嗎？對於政策，你和 │
│   你的服務對象是否曾經有過什麼好的或是不良的經驗？   │
│ S 支持：方案的財務來源為何？這些財務對於要完成方案的目標所需的 │
│   資源來說是否足夠？方案的財務來源穩定嗎？   │
│ I 創新：如果要改變方案，必須要提供些什麼？對方案回饋的機會是否 │
│   充足？   │
│ S 社會正義：方案是否重視社會福利專業和社會所表達出來的重要社會 │
│   正義之議題？   │
└───┘

個方法都要求讀者必須要小心具體地列出你的問題，才能收集
到要評估方案與政策是否有效達成原來所需要的資訊。

　　如果使用這些評估政策的方法後，發現政策不適當，缺乏
良好的效果，或是不公平正義時，基於專業的職責，我們要盡
力去改善這個政策。第八章將會討論實務者在各個層級中，影
響公共政策改變的角色。

問題討論

1.在評估下列方案時，哪種政策評估的模式是最爲適當的？

  a.針對領取依賴兒童家庭補助者設計，州政府所資助的「工作方案」。

  b.針對患有精神疾病遊民的城鎮方案。

  c.在社會安全福利服務中，日漸增加的退休人口之影響。

2.在方案分析中，何謂分析的對象？分析對象的改變，會如何影響評估的目的與實用性？

3.爲何先前準備的評估活動，會對廣泛性的方案評估產生重要的影響？

4.在科學化方法中的六個步驟爲何？你認爲那個步驟最爲重要？

5.政策研究中的綜合性和規範性的途徑有何不同？

建議作業

1.尋找一份最近在你所屬社區中之社會服務機構中所完成的方案評估，將其評估報告和本章所討論的方案評估之要素之間做比較，它可能遺漏了什麼重要的資訊？其所包含的資訊中，又有什麼是本章中所未提及的？

2.選擇一個你有興趣的社會福利政策，依循科學方法的步驟，爲之設計一個政策研究的過程。爲了執行這個計畫，可能必

須要從那裡尋求所需要的資料檔，以得到所需要的資訊？

3. 選擇你所屬的社區的一個政策或方案，利用 ANALYSIS 模型來分析之。

重要名詞與概念

因果途徑方法　cause and consequences approach

形成性政策研究　formative policy research

規範性政策取向　prescriptive policy approach

總結性政策取向　summative policy research

消費性取向　consumption approach

投資性取向　investment approach

整體影響評估　impact evaluation

輸出評估　output evaluation

分析對象　object of analysis

方案評估　program evaluation

研究方法　research methods

假設　hypothesis

科學化方法　scientific method

第八章
影響公共政策改變中的
實務工作者角色

有想法和決心的市民人數雖少，但也不要懷疑他們能改變世界

——取自 Margaret Mead

我們分析社會福利政策、評估社會服務方案最重要的理由之一，就是要指出在服務提供上有什麼是需要改變的，使服務能更加合適和有效。儘管對於社會工作師而言，改變整個世界是超乎其能力的事，但在本章開始所引用的話，卻也提醒我們，一個陣容堅強、有組織、全力以赴的團體，當團體成員一起共同運作時，會有出人意表的驚人成果。社會工作是一個承諾要去實踐社會改變和社會正義(social justice)的專業，但是，大多數的實務工作者卻害羞躲避這個使命的舞臺，因為他們對改變的可能性抱持懷疑，並認為缺乏發動改變所必須的知識和技巧，其結果使得我們的專業和案主蒙受傷害。

當實務工作者協助家庭或兒童時，通常傾向於把焦點放在家庭內或個人的改變，而不是放在製造或持續家庭問題的環境因素上。在協助貧窮、歧視、虐待、失業和家庭暴力個案時，環境的外部因素是不容忽視的。當我們只把焦點放在個人或家庭，我們也就是想辦法要案主適應不公平(injustice)，而不是把力量放在改變不公平的社會。Halleck（1971）在《治療的政治》(*The Politics of Therapy*)一書中，提醒所有的治療者，當案主求助於我們時，我們能為案主做的只能從兩個角度選其一：我們可以協助案主接受自己的現況，即使社會情境是他們現在遭遇問題的原因；或是協助案主改變這些情境。

本章是想鼓勵你去發展變遷推動者的技巧，超越以個人或家庭為改變的焦點。本章包含了在專業工作上你可以影響地

方、州及聯邦政府社會福利政策改變的途徑，第九章則是討論如何在機構中改變方案政策。我們也許不把改變世界當成目標，可以把介入的焦點放在改變某些直接影響案主和我們自己的世界。

具言之，本章討論的內容如下：

· 如何指認目前訊息的來源，並且提出對社會福利和機構政策的建議。
· 可以具體影響政治性決策過程的方法，使它更能反映案主和社會工作師的需求。
· 如何使案主參與挑戰和改變社會福利政策的過程中。

找出社會福利政策

在本書中，我們已經探討過制訂和實施社會福利政策的不同層級。有些社會福利方案，如一九三五年的社會安全法案，其權威和經費是來自於聯邦政府層級，具有聯邦合法性。有些是各州獨立訂定的法案，如威斯康辛州的公平學習機會方案或是麻州的就業和訓練方案(Employment and Training Program)，其他的如一般救助給付標準(General Assistance Payment levels)是由地方郡政府所決定。各城市也可以有自己的政策，如城市福利方案或對遊民的服務等。而社會服務機構層級所訂的政策，對各級政府單位的影響力最小。

瞭解和改變社會福利政策的第一步，必須先找出此政策是由哪一層級所制訂的。這個層級不論是地方、州或聯邦，將是

收集資訊和直接改變政策的目標。如果本書沒有你想研究的資料，你可以在大學或學院圖書館內找資料研究政策，如果想要有更進一步的資料，可查看本章稍後將討論的「運用圖書館資源」部份。

地方政府的政策

(一)城市層級的政策

如果我們指認一個政策是在城市層級上，就可從任何一位市議員或市政府的其他單位獲得更多政策上的資訊。市議會的成員代表一個城市的具體地理區域。為了知道誰是你選區的市議員，你可以打電話至市政府去問市長或城市管理者的辦公室，那裡是瞭解城市層級政策的另一個好的資訊來源。市長的幕僚會給你資訊或是你自己直接洽詢各部門，以得到有關政策的資訊。

都市計畫是城市層級的政策之一，它和社會工作實務與計畫有相當的關連。一般都市規畫將地理區分為住宅、複合家庭(multifamily)、娛樂區或商業用地，如果一個社區機構要發展一個愛滋病患者居住的設施，該機構必須找出都市計畫規定是否允許設置這個團體之家（group home）。居民常有反對變更都市計畫用地限制的聲浪，從單親家庭的居所到具特殊需要的團體之家。社區居民常反對讓愛滋病患者、其他無能力者和心理衛生中途之家進入這個區域。

社區居民以害怕這些設施對他們的安全和福祉造成威脅為抗拒理由時，一旦牽涉到都市計畫的規定，市議會就是政治彼此牽連的關鍵。你必須和這些鄰里居民一起工作，也要和城市層級的政客一起來改變都市計畫。還有其他的城市層級的政

策，例如，消防、警備、下水道設施、都市交通運輸系統、財產稅、公共住宅，以及健康服務等。以下是屬於城市或鄉鎮層級的政策：

動物管制

建築規定

經濟發展

選舉

消防和警備

地方法庭

鄰里圖書館

鄰里重建

停車場

公園及遊樂場

公共健康衛生

公共住宅

不動產稅

休閒娛樂方案

道路維修

下水道和排水設施

學校

性別遺傳疾病

交通

水資源

都市計畫

(二)郡層級的政策

美國大部份的郡是由一群被選出來的郡督導委員會所管轄，影響社會服務政策制訂的是郡委員會，他們監督社會服務部業務，這是公部門中聘用社會工作師最多的單位。郡委員會和州政府聯合起來，有充分的權力決定接受公共救助者的資格和工作上的必要條件，並且有權分配在心理健康、酗酒和藥物濫用、智能障礙者、老人和保護服務方案上的各項經費。

委員會的個別督導者或郡政府各單位，都是獲取郡層級政策資訊的來源，通常郡委員會握有民意來解釋政策的改變原因和回答政策改變上的問題。

許多影響郡社會服務部門的政策通常是由州所制訂，但卻是在郡的層級上實施。如：一九三五年社會安全法案允許（但並非必要）各州政府提供一般救助(General Assistance，簡稱GA)給不符合依賴兒童家庭補助資格規定的個人或家庭。有一些州已經用很多經費做一般性補助，而有些州只有家庭兒童方案。不管如何，每個郡握有決定給付水準的權利，因為錢是來自地方的財產稅。

郡政府的單位也掌握全郡交通運輸系統、郡立停車場、郡保安官的辦公室、郡衛生局、道路施工、郡立圖書館系統、郡屬法庭，以及郡屬監獄的決策工作。以下是屬於郡層級的政策：

依賴兒童家庭補助
酗酒和其他藥物濫用方案
強制實施兒童支持工作
郡社會服務部門

郡立公園及遊樂場系統

郡立醫院

法院檢察官

緊急性政府

家庭法庭主管

食物券

領養家庭的認可

一般補助(GA)

心理衛生中心

年長者的營養方案

保護服務

郡保安部門

小型申訴案件法庭

州層級的政策

（一）州議員

　　首先你可以從州議員的辦公室取得州層級政策的第一手資訊，通常他們的辦公室設在州議會大樓中。全美各州大都有兩個議院，分別是由上議院和下議院組成。在法規成為法律之前，必須經由兩議院的通過。你所在地區的任何一位州議員都可以提供目前或計畫中的政策，他除了會給你過去或現在審理中正確的立法資料之外，同時也會讓你知道在立法上，他(她)個人的立場。

　　州政府的行政和議員的訂定依賴兒童家庭補助給付額，規劃並執行食物券方案，規劃領養者、團體及護理之家執照的工作，少年矯治設施相關規定的規劃，健康衛生方案的補助，籌

設州立學校等。聯邦政府授予給州政府相當大的權力，尤其是在健康衛生和社會服務方案上，州政府有權依照州民的需求規劃和決定最適當的方案。不過，各州人群服務成果的品質和數量仍有相當的差異。以下列舉在州層級的政策：

社區居民機構設施

消費者保護

矯治工作

日間看護的認可

就業及訓練方案

勞工關係

法律熱線

肉類和食品檢驗

自然（環境）資源

公設辯護室

難民服務

州的教育法規

州消費和所得稅

州就業服務

失業補助津貼

職業復建

工作執照

工人賠償金

(二)社會工作師專業人員協會州辦公室

要分析瞭解計畫中法令的影響性，從議員那裡獲得的資訊不全然是有效的，州社會工作師專業人員協會的組成主要是當

這些法令影響到社會工作師和案主時，去掌握進展狀況和影響法令的制訂過程。專業人員定期參與注意資格認可的立法，同時也注意在公共救助、第三部門對私立機構實務工作者的補償、住宅及健康照顧等方面法令的改變。州辦公室必須監視州的預算，以確保對案主及社會工作服務的撥款是足夠的。全國社會工作協會對於法令的分析，有助於較無經驗的政策分析者找出改變之路。而在全國社會工作協會出版的簡訊中，在州的版面上會指出哪些立法的重要部份要被考量。此外，他們也公佈信件應寄送的地址，必須和哪些人聯繫，以促使或阻撓法令的通過。

聯邦政策

(一)國會辦公室

你所在地區的眾議院代表和參議院代表，是協助你獲得聯邦政策或法律的首要資訊管道，這些法令制訂者在他們的選區和華盛頓特區都設有辦公室。傳統上，地方選區的辦公室掌握選民的問題，很像社會工作師協助案主的過程，這個途徑反應著議員個人的哲學，因此各區議員的風格不同，也使得各區反應民意的方式也不一樣。某些國會議員的助理運用社會安全、住宅、退伍軍人收入補助、醫療補助和其他政府方案協助選民解決問題，其他議員則較不強調直接解決問題，而把選民問題交由社區機構負責。

你可以從華盛頓特區的任何一位國會議員辦公室獲得目前或計劃中的聯邦政府法令。你所得到的法令資料中，國會議員的工作人員會提供在不同議題上，反映這位議員個人立場觀點的相關資料，而這些資料通常包含了對現有方案的價值分析，

及對於問題提出改善的建議。但要注意的是這些各據立場的資料也反映出議員是自由派、溫和派或保守派的政治傾向。以下列舉屬於聯邦層級的政策：

農業（食物券）

商務及公平交易

消費者使用產品安全

聯邦健康照顧方案

聯邦住宅方案

郵局

小公司行政

社會安全行政

退伍軍人事務

(二)全國社會工作協會的全國辦事處

就像各州社會工作協會辦事處一樣，全國性社會工作協會辦事處代表社會工作師在聯邦立法區中的專業聲音，它目前座落於華盛頓特區內。在《全國社會工作協會新聞報》中，全國社會工作協會針對有關聯邦法令及政策對實務工作者和案主的影響，提供深入的分析。全國社會工作協會透過發起全國性寄信活動、專家的舉證及社會教育來進行遊說，以達成社會服務的立法工作。全美的社會政策和實務中心（National Center for Social Policy and Practice）特別研究社會政策對社會工作師的直接影響。

在選舉期間，全國社會工作協會提供候選人在公共補助、教育、歲出、性別平等、公民權和家庭政策議題等立場的政治分析。總之，在找尋聯邦社會福利政策上，全國社會工作協會

是一個極好運用的資源。

（三）智囊團

在第七章中我們已經介紹過，智囊團是特別致力於大規模政策研究分析，大部份的智囊團分佈在華盛頓，或者是在主要研究大學的附近，例如，天賦權利基金會（Heritage Foundation）、美國企業協會（American Enterprise Institute）、Brookings Institution 協會，以及都市協會等，都是以研究政治和社會議題為主的團體。這些團體有不同的政治立場，從最保守到最自由的都有。他們對於目前政策的分析，可以提供社會福利紮實的整體觀點，同時，也研究計劃要進行的政策改變對案主人口群的影響。威斯康辛州麥德遜大學的貧窮研究學會、密西根大學的社會研究中心，就是以大學為基礎的智囊團，其針對目前社會福利方案的議題，定期提供論文和研究報告。

簡言之，現有很多不同的資源可以協助你瞭解機構及政府各層級的社會福利政策。這些資源可以幫助你取得統計數據，以支持或反駁現今的政策，這是影響社會政策的第二階段工作。取得有關目前的社會問題可靠的資訊、評估現在或將要進行的政策是否真正地將問題勾勒出來，是進行改變的下一步驟。

運用圖書館資源

實務工作者企圖改變社會福利政策的重要武器是事實（fact）而非感覺（feeling）。下一階段是要檢視如何政治性地參與改變政策的過程。這個過程有一部份是必須找出事實，

以支持你建議的政策改變。因此，你必須檢視圖書館的資源，因為它擁有你必須向決策者提出的統計資訊，大部份的大學和市立圖書館都有這些資訊。《社會工作辭典》（Barker，1987）和《社會工作百科全書》（全國社會工作協會，1991）是常被運用的資源，在大學的圖書館中都可找到。《社會工作辭典》包含社會工作專業使用辭彙簡要的描述，《社會工作百科全書》則對於社會工作重要的論題，以歷史及對現況的透視做較長的撰述。這些資源對於想瞭解政策議題的新人而言，相當受用。

美國統計署（U.S. Bureau of the Census）定期出版的《郡及城市資料集》（*The County and City Data Book*）（U.S. Department of Commerce，1988），包含全美各郡及城市的人口統計資料，這項調查資料適合較小型的政策研究；另一項較小的文件是《眾議員選區資料集》（*The Congressional District Data Book*）（United States Bureau of the Census，1973），是以各眾議院議員的選區為基礎，較適合研究者在提供國會議員較多資訊時使用。如果以上這兩項資源都無法符合你的需求，查閱《州及地方統計資源》（*State and Local Statistics Sources*）（Balachandian & Balachandian，1991），你可以得到州、地方及聯邦政府在公共福利、健康照顧、法律的強制性、環境議題、勞工等相關資訊的資源。

美國統計署定期出版人口統計的簡訊，有些資訊是十年整理一次的，有些則是以小型抽樣為主。《美國統計摘要》（*The Statistical Abstract of the United States*）（U.S. Department of Commerce，1992）是一本簡明又範圍廣泛的統計刊物，涵蓋社會和人口學各項議題，其內容資料相當詳盡，

包括就業、住宅、貧窮、教育及投票等。在其中最有益的部份是每年都會更新的聯邦預算概覽；調查《統計目錄及指南》（*The Census Catalog and Guide*）（U.S. Department of Commerce，1992）一書，則界定統計署所有可印出來或電腦可判讀的數據資料型態。調查統計資料是相當重要的，因為當你在探究一個郡不同地區的社會問題時，它可以提供你比較的資訊。

政府的各個機構會定期蒐集人口的相關資訊，這些資訊通常刊登在《美國政府出版品目錄月刊》（*Monthly Catalog of United Ststes Government Publications*）中，你可以在聯邦政府書局、美國檔案管理局、政府印刷所等處取得，如要界定聯邦政府的官職，去查閱《美國政府要覽》（*United States Government Manual*）（General Services Administration，1992），即可知道所有聯邦政府每一位員工。

影響政治過程

當你已經指認政策議題，在徹底地研究它，並且你已經下了結論，需要什麼樣的政策或某一政策應如何去改變結論後，採取改變行動，就可說是進入政治的過程。

身為一位公民，你有權利選擇各種方式影響政治的過程，例如，投信、遊說、舉辦公聽會、組織已登記的投票人運動、為特定的候選人造勢，或其他合法的行動等。然而，身為一位公或私機構的員工，在如何讓你認同自己的主管上，你會碰到一些限制。

私部門非營利社會服務機構的員工，其工作機構爲了支持某一政黨候選人而成爲一個同盟關係，將冒著失去機構的非營利性身分的危險。同樣地，私立非營利機構也不要員工去支持任一特定的候選人。這些限制在保護著機構及員工。試著和你的督導者商討，看看你所屬機構的具體限制是什麼。

哈契法案（The Hatch Act）

一九三九年政治行動法案是以美國公立機構的員工爲主要對象，被稱爲哈契法案。其規範政黨的花費和捐贈，禁止來自於聯邦僱員參與政黨活動（Kruschke & Jackson , 1987）。雖然哈契法案不准公職人員參與政治活動已經遭到嚴厲的批判，認爲干涉了公民參與政治活動，至今此一法案仍然有效。所以向你的督導者或機構法律顧問諮詢，決定法律如何限制你在政治活動中的角色，是絕對必要的。

以書面或口語和議員溝通

寫信給議員是向議員表達對於未決定或現存政策感覺的常用方式，信件內容應該簡潔，並寄給適當的議員，明確告訴議員你的觀點及期待他如何支持你。如果你的信中希望議員投票支持法案通過，就應把法案的名稱及法案所排定的數號寫清楚，以免搞混了。議員的辦公室工作人員指出要用親筆信函，而不是用既定格式的答覆信或明信片，比較有效，議員通常較會被選區的選民影響，而不是專業機構聘用的遊說者。

我們或組織參與寄信活動的角色，也應該包括使案主能夠參與政治過程在內。在決策之時，強化案主爲自己爭取的能力，並且協助他們解決自己的問題。在社會巨視面層次問題解

決的介紹，最後會幫助案主增強他們並非能力不足才有問題的想法（Haynes & Mickelson，1991：51）。然而，許多案主需要對當前議題再教育，並且教導他們。

例如，南方一個城市的老人中心，因為在州議會立法上，法令有某些重要部份要由投票來決定，一群社工系的學生正和老人們一起努力。議會提案在美國高齡者法案下支付該州的老人津貼方案，儘管有壓倒性的證據證明老人營養方案有助於改善老人身體及心理的健康，州議員仍是分配給聯邦政府維持提供此方案的最低限度的經費。身為低收入而又佔老人人口中的少數，老人中心的成員並未將自己視為政治領域中的行動者。他們對於這些學生極力要發起的政治行動反應相當冷淡。為了讓所有地方性的老人中心呈現一個積極性和教育性的運動，社會工作學生必須說服年長者寫信或打電話給州議員，並且堅決主張州的津貼要增加。

透過脅迫議員不支持通過立法就會流失選票的方式，老人們把他們的心聲表達讓大家知道。而為了加強他們所提出的觀點，在議會投票的當日，許多老人會在首府出現，他們已開始認為和州議員溝通是重要的，這也鼓勵著社工系學生繼續讓老人們保有活動力和動機。結果對現有分配給老人營養方案的預算，州在方案經費上是增加而非緊縮。在爭取營養方案經費的政治議題上，一個由已有經費支持的人們所組成的團體，會比實習學生還有效的達到改變。

在制定法律上或公眾事物上，打電話提出個人觀點，也會是一個有效的方式，意見反應登錄到議員的地方辦公室，他們將會定時轉交給州或首都的議員辦公室。有些州設有免費的法律熱線，選民可以透過這種方式指出他們希望議員如何投票通

過法案。這是個簡單的方式，可以讓議員知道你的感受，尤其是在關鍵投票日會特別有效。

遊　說

遊說活動是一個受聘於組織，代表向政府官員及機構接觸的人（Mahaffey，1989：361）。遊說者的基本任務是當議會考慮通過重要部份的法令時，要將組織利益提出來。遊說者直接和議員接觸，以確保通過有利於組織的法案，並且讓不利於組織的法案不通過。他們和議員一直保持關係，並向聘用他們的組織報告立法過程的訊息，和以他們技術所長是如何達成任務，同時，也訓練組織內的同仁如何影響政策過程。

全國社會工作協會在社會工作專業上表現許多遊說議員的任務，他監督影響專業的州和聯邦之立法，並積極地教育全國社會工作協會會員重要的政治性議題，因爲全國社會工作協會不受聯邦、州及地方層級政府的限制。因此，它可以提出有關全體會員的議題，不論是公部門或私部門的社會工作師。

公聽會

由於你所屬機構的限制，或專業遊說者已經掌控這項工作，因此，實務工作者很少直接參與遊說工作。然而，公聽會是一個重要的方式，讓決策者知道你和案主在某些重要議題上所持立場。

資訊性的公聽會（informational hearing）是公聽會的類型之一，議員和政府官員必須將未來要採行和已經採納的政策做公開說明，答覆新政策內容和程序的相關問題，此種方式較具教育性。第二種類型的公聽是讓公眾有表達觀點的機會，使議

```
┌─────────────────────────────────────────────────────────┐
│ 專欄 8-1   在公聽會中提出證詞的提示者                        │
├─────────────────────────────────────────────────────────┤
│ 1.要求在流程中排入發言                                      │
│   如果政府官員知道有多少人在公聽會中發言,他們就可以限定時間和    │
│   安排發言順序,讓你有多一點機會聽到不同的意見。                │
│ 2.在發言條上,即使你選擇的是口頭報告的方式也要寫出來            │
│   這使政府官員有時間再仔細審視你所說過的內容。對於你來說,你可    │
│   以準備各項資料,尤其是統計數字,以支持你的發言。              │
│ 3.發言簡潔有益                                             │
│   最有效的發言是簡短提出觀點,如果你的發言漫長,將會使人覺得不    │
│   適。                                                    │
│ 4.生動地提出證詞讓大家感到新鮮                              │
│   提出戲劇性或令人感動的例子,通常可以得到媒體的注意。同時,影    │
│   響媒體在此議題上的想法,別低估了公聽會中情感上的氣氛。        │
└─────────────────────────────────────────────────────────┘
```

員和政府官員能瞭解居民及選民對於有爭議性及重要議題的感
受。有些議題依法律的規定需要有公聽的過程,如果一個具爭
議性的議題沒有經過公聽的過程,而有足夠的興趣存在,則民
眾需要一個公聽會。個人書面或口頭的建議通常被稱為證詞
(testimony),這已經是公家機關公聽會必要的部份。人們不
必在公聽會中表明他(她)的立場,大部份公聽會都要簽到,
以表明他們在議題上的立場,而不必在公聽上發表言論。

　　婦女投票聯盟(1972)已經是在公聽會中提出證詞的提示
者(pointer),**專欄** 8-1 中列舉出這些提示者,他們通常適用
於專業及案主證詞。

　　在專業人員,包含社會工作師及社會服務機構的執行長,
通常會在公聽會上提出證詞,不過他們的證詞鮮少比案主親身
的說明有效。一位在養育四個孩子的年輕上班母親的奮鬥辛
苦,對社區需求高品質托育中心來說,可以是很有說服力的;

一位高齡獨居的老人，能證明有必要通過補貼老人交通運輸方案；對一位復原中的酗酒者而言，也許更需要的是社區性酗酒及藥物濫用勒戒中心的方案，而不是機構中的專業人員。此外，案主證詞的好處是充分授權給案主，讓案主覺知權利和義務的重要性，並鼓勵案主在改變中有自己的角色。

運用媒體

在第五章中我們已介紹過，在政策的形成過程中，媒體有其重要的角色。媒體對於政策議題的處理方式，會影響公眾對於即將提出或已經採納政策的反應。如果你倡議要去改變一項政策，透過記者招待會，寫信給報社主編，參與電視及電台的論壇，及引起新聞討論等方式讓媒體有其影響力，對於一個有良好組織、專業性的議題，呈現可以引領公眾注意重要的政策議題。

支持政治候選人

另一個影響政治過程的做法，是直接選擇參與制定決策的議員或政府官員。媒體對於候選人的報導內容，常會令我們在如何選擇一個候選人來支持感到更多而不是更少的困惑。在我們將票投給哪一個候選人時，需要更多的政治活動訊息。

(一)競選活動資訊

在政治競選活動中，成為一位有批評性的消費者是重要的。大部份政治的訊息企圖塑造一個有力的候選人形象，而非表達實質性之議題。你能從候選人身上得知那些政治候選者所持議題的立場，尤其是那些對於社會工作專業及案主特別重要的立場嗎？先別認定候選人說的全部是真的，應去考量其他訊

息的資源。

從小冊子、廣告傳單及其他郵寄品的訊息中，都可以瞭解到一位候選人在某一特定議題上的立場。通常候選人會和其他候選人比較政見，尤其是當他們同時對於某些特定選民發表政見時。全國社會工作協會和其他社工專業組織定期發表候選人訊息的分析，而這些分析也許會提供專業和案主最好的選擇。

電視與電台的討論節目可以讓候選人在你面前曝光，通常討論性節目都有具體的議題，讓你瞭解候選人在特殊的議題上其立場為何。在全國性的選舉中，公共補助、教育、犯罪、住宅和就業常常是討論的主題，這些議題對於我們的案主具有相當程度的決定性影響。因此評估候選人在這些議題上所站的立場是很重要的。你不只可以確定候選人的立場，同時你也可以得到目前政策有哪些錯誤的資料。

沒有候選人會擁護你所有的觀點，因此，在幾個你關心的議題上做界定是重要的，例如，如果對你來說一個健全的國家健康照顧政策是重要的，你可追著候選人在此議題上的立場，儘你所能取得資訊，並在你投票之前仔細做研究。下決定之前，先比較各候選人的立場之後，你可以再和某個機構聯繫，例如全國社會工作協會，要他們對於候選人在一個議題上的立場分析，這些對你是有幫助的。

（二）政治民意調查

政治民意調查是由候選人和組織所做的，用以調查候選人的聲望狀況。然而，贊助組織往往能輕易地曲解調查的結果。作為一個挑剔民意調查訊息的使用者，必須知道有多少人被調查，由誰來蒐集資料，調查中所包含的意見尺度有多寬。

記錄誰支持哪位候選人也是有幫助的，大部份的報紙在選

舉前通常會在評論中公開地支持候選人，並且陳述為何支持他們。試著去找出誰支持哪位候選人可以幫你確認那位候選人的表現符合社會工作師及案主們的利益。

投　票

當選民因為選戰策略而感到理想幻滅時，他們的反應可能就是不去投票，這是讓選民放棄這項珍貴的政治權利與義務的原因。悲哀的是政治系統並未和選民的生活做密切接觸，事實上，沒有一位候選人是完美的，在這樣的政治生態中呈現的是完全不可信賴的面貌，但是儘可能掌握最後的訊息。藉由投票表明你的政治立場，並且鼓勵你的案主也做同樣的決定，仍是最關鍵的。

必須小心提防單一政見的候選人，他們會花所有的時間只談論一個政見，這些候選人是危險的，因為通常他們並未通盤考量自己政見的立場。單一政見的政客其訴求對象通常是某一個集團的選民，他們通常都太單一傾向，以致於不能有效扮演議員角色。

到法庭改變政策

有時對議員沒什麼壓力效果，而是在法令和規定中反映案主或社工專業的最佳利益。當所有的改變方式都失利，訴訟也許是達成改變的唯一方式。有時訴訟是採取立即行動，以脅迫方式來和個人或組織抗衡，或至少迫使組織願意出面談判。

不可輕率採取上法院的行動，進行訴訟之前必須把各個因素考慮清楚。首先，你必須仔細考量所有可能的途徑你都已經試過了。一個講訴訟的社會，提出訴訟似乎是容易的事，事實

上，它應是最後的手段。第二，確定這個改變是否是你所想要的，而這個議題法院也會慎重審理。如果他們表現這些議題看起來不重要，法庭就不會審問，因為法院有太多案件要審理，幾乎超乎其工作量，因此，不重要的案件就不會受到審理。第三，要注意的是訴訟相當花費金錢和時間，即使許多組織對於特定議題提供低成本的法律服務，一個完整的訴訟需要花的金額相當高，所以仔細考量你的組織或案主是不是失去的比獲得的還多。

如果你已經回答這些問題，而且發現上法院是必要的，求教於律師或一個你認為可以協助你訴訟的組織，只有律師可以告訴你如何建立一個案件，並且送到法院中。

摘　要

本章清楚地告訴你，瞭解現在社會福利政策如何制訂和實施是不夠的，當社會工作專業承諾要增進案主福祉時，我們也要注意對於政治改變的承諾，我們對於案主及我們自己都有這個義務在。如果我們可以讓我們更有能力去改變需要改變的環境，我們也能使案主更有能力。

我們透過廣泛參與政治過程來改變，或透過機構階層來達到改變，此二種改變都需要有意願儘可能收集到資訊、探索障礙及資源，發展和實踐行動計畫，並持續對於我們的努力做評估。第九章我們將討論實務工作者在他們的環境和社會服務機構中採取政策改變的途徑。

問題討論

1.下列政策中，在何處你可以獲得更多的資訊？
   a.認養家庭認可政策
   b.依賴兒童家庭補助工作需要條件的改變
   c.都市計畫法律
   d.公共住宅
2.當一位社會工作師在公部門機構工作時，什麼會是他們政治活動的限制？
3.何時適合採取訴訟？
4.為何讓案主在公聽會中陳述證詞是重要的？

建議作業

1.邀請你所在地區的社會工作協會工作人員來說明全國社會工作協會在你們這個州之中，做了哪些重要的社會服務立法？
2.指認幾個你覺得社會工作師和案主認為重要的議題，並且研究你們地方的議員對這些議題的重要立場。
3.出席你們社區一個重要的社會服務議題的公聽會。

重要名詞與概念

哈契法案　The Hatch Act

訊息公聽會　Informational Hearing

訴訟　Litigation

遊說者　Lobbyist

證詞　Testimony

智囊團　Think Tank

第九章
實務工作者在改變機構
層次政策中的角色

我曾經在一個機構中工作，那裡要求工作人員每天用十分鐘左右的時間說明他們工作的情形，並且指出那個時段在做那個案子。我們工作人員都認為那是荒謬的，但是，我們卻被告知，在機構的購買式服務契約的計算下，那是對工作員服務案主多少時間就付多少費用唯一的方法。

　　當我的一個案主去世時，我要求在傍晚離開機構去參加他的喪禮。機構告訴我說，要計算我參加這案主喪禮的時間。幾個星期後，我離開了那個機構，我認為這種財力生存的價值高於同情和關心案主與他們的家庭的機構，使我不能待下去。我想，我的辭職必然會引起他們的震驚，並促使他們對機構的政策做一些改變，然而他們並沒有。

　　在我在實務界工作了十五年後，我明白我應該留在那裡，並在改變政策上盡些個人的力量。但是，當時我沒想到那是我的工作或我的責任，只是，如果它不是我的責任，又該是誰的呢？

　　　　　　　　　　　　　　——在兒童福利界十五年的老將

　　在我們整合社會福利政策及社會工作實務上，回到最開始這個走向——社會福利機構中的實務工作者——似乎是恰當的。由於我們的努力使機構政治生態發生轉變，在連結社會工作專業在初級和次級組織的立場上，仍是很一致的。當一位兒童福利工作者公開的表示，組織的政策可能會是一個令人生氣或挫敗的來源。社會工作領域的實習生常常向他們的教授埋怨，關於他們安置實習機構的政策可能和社會工作價值有矛盾發生。有些機構強調提供方法及制度式的服務，而取代尊重案

主的個人獨特性，即使工作員可能認爲這樣的服務對案主而言並不是最好的方式，或者機構以死板的個案工作方法來做限制，而非擴大案主的選擇，以取代支持案主自決的專業承諾。我們從第二章及第三章之中，瞭解組織存續是社會服務機構生存的基本目標之一。然而，當這個機構不再去想基本的使命時，便是目標轉換典型的一個例子。但是組織仍然可以，也能做一些改變的。前述兒童福利工作者說到自己以前認爲一個政策不適當而離開機構後，卻對改變政策並無助益。維持一個機構繼續成功的存在，在於機構能生存下去，而一直公正的提供服務給案主的關鍵，是機構改變過程主要的部分。

具體而言，本章包含以下部分：

- 你能找出這個機構的政策及這些政策如何發展的方法。
- 描述作爲一位社會工作實務者，在發動組織改變上你的角色。
- 討論爲何組織改變經常會遇到抗拒。
- 幫助你改變態度和行爲及組織結構的方法。

找出機構層級的政策

機構中有許多有用的資源可以來幫助你找出一些政策。第一個資源是你的直屬督導者，督導者是比較熟悉機構政策的人，並且也看到這個政策在機構執行了一段時間，在機構政策發展過程理論基礎上，他能提供有價值的洞察。督導能幫助你瞭解這個政策在機構實務中，是屬於正式或非正式的產物。有

時候日常工作的政策其實只是簡單的程序並非政策，也不是你所想的那樣僵化。你的督導可以幫助你瞭解在你執行政策時有多少自由的空間。

例如，假設你是一位在兒童朋友會社(Children's Friend Society)──一個州級的兒童福利機構──工作的收養工作員，機構的政策是拒絕每個家庭收養一個以上的健康嬰兒，亦即如果一個家庭是透過這個兒童朋友會社來收養兒童，他們將不被考慮有第二個收養機會。你覺得這個政策不公平，而且想看到它改變，只要這對夫婦通過機構安排收養的每一個步驟，你認為拒絕他們第二次收養的機會是不公平的，你的督導者應是你第一個資訊的資源，如果他不能給你滿意的答覆，則試試執行長。執行長是一個可代表員工及董事會立場說話的人，過去董事會的會議記錄也可以提供瞭解為何會採行此一政策，以及是否在執行上有反映董事會最初的用意。

另一個資訊的來源是政策及程序手冊，大部分的機構在手冊裡會指出操作流程及機構每天例行的活動，還有反映機構哲學的政策，一般新進員工在認識機構時，大概都會拿到一份這樣的手冊。

私人的非營利機構，像兒童朋友會社，可能會被機構的正式流程所約束，法律文件授權他們能提供兒童福利服務，為了被評定為合格的兒童福利服務機構，機構必須符合一些法規上的要求，並且定期的更換執照。法規的限制可能說明既存的某個政策，及機構中沒有規定的事項。這樣的情況對公部門也是一樣的，他們要依法提供規定的服務，並且不能提供其他規定中沒有的服務。

組織層級的改變

　　第二章和第三章探討社會服務機構爲實務工作和政策執行上的脈絡，因而有機構內外在的環境。一般最常遭社會工作師及案主抱怨的就是科層運作的繁瑣，因爲往往以不太人性化的方式，來滿足員工及案主的需要，這樣缺乏能力反映人們的需要，意味著機構運作需要改變，而你可以成爲發動組織改變的主要力量。

　　組織改變指的是「修正正式政策、方案及程序或管理實務」(Resnick & Patti，1980：5)。通常組織的改變是企圖性的，因爲它要改善對案主的服務。然而，組織改變也可能藉由用心改善員工的工作環境而達到。通常改變是由上而下的，本章描述實務工作者爲改變的推動者，如何讓改變從下而上。

實務工作者對組織改變的責任

　　如果實務工作者的責任是提供服務給案主，那麼機構的改變不就是行政者及董事會的責任？Resnick 和 Patti (1980) 表示，絕對不是這樣的。實務工作者是處在最獨特位置上可以看到改變的需要的人，因爲他們熟悉機構每天的運作如何影響案主，也是實務工作者而非行政者或董事會每天提供實際的服務給案主。因此，實務工作者在一個恰當的立場上，來評估這樣的組織結構是否給了案主服務福利，並符合機構的基本目的。正如第二章所言，爲了生存，組織可能轉換了目標，並變換服務案主的方式。如果我們依據專業倫理以案主的福利優先，則

我們一樣要為了案主群的需求去改變組織 (Resnick & Patti ,1980)。

第二個理由是 Resnick 和 Patti (1980)相信在組織的改變上，實務工作者是個適當的角色。改善服務輸送脈絡的方法是工作人員的士氣和工作滿意度的關鍵影響因素。如果我們都無法勝任自己工作環境的改變，又如何能夠幫助我們的案主去改變他們的生活呢？當我們發現組織有嚴重的缺陷時，我們是不可能提供最好的服務的。

第三，社會工作實務者是行政結構及服務案主之間的重要連接，在提供服務對象特質改變的訊息，使組織結構能配合改變，實務者扮演了一個重要的角色。例如，二十年前，社會工作者的家庭服務工作，很依賴有老人的家庭照顧生病或失能的老人，這些家庭住得很近，且有很多女性沒有工作，所以他們的女兒或媳婦便成為非正式的服務提供者，可以照顧這些年長者。但是今天，美國的家庭不再像以前一樣，有四分之三的女性在家庭外面有全職或兼職的工作，不管是鄉村或城市都是如此。這暗示對老人的社會服務很重要，代之而來的是著重協調家庭資源，以因應對依賴老人的照顧。老人社會工作者必須經常的尋找及籌措資源，以取代原有的家庭服務工作，因此，維持傳統的服務方式，讓老人住在自己的家，花費勢必昂貴，而且要有繁複的個案管理，以及依賴一個非家庭支持網絡的複雜網絡。實務工作者一直在提供服務的經驗，讓他們有資格預期服務輸送環境的改變，以提供即時服務。

改變組織中個人的態度及行為

一個組織的運作品質是其員工的表現的成果，當一個組織

被說成沒有效果、沒有效率且不負責時，則可能被界定爲是組織員工的因素，而非是結構或程序的問題。雖然實務工作者可能沒有立場改變行政上的人事，但他們可以改變同事們的行爲及態度。

　　社會工作的學生經常表達關切的是擔心會在專業工作中有職業倦怠。學生們關心協助案主工作上嚴苛的規定及納稅人缺乏對社會問題的重視，終將使學生們的助人理想幻滅且受苦。這會使機構內一直認同專業的新手產生職業倦怠，或至少他們對工作感到懷疑，進而使他們的工作失去效率，這些態度是改變機構的首要焦點。

　　許多研究報告指出，如果讓工作員參與會影響他們在服務案主上的重要決定，他們比較不容易對工作產生冷漠(Arches,1991)。積極參與決策過程和鼓勵同仁也這麼做，是改變機構態度的重要方法。可藉由使用品質圈(quality circles)或以員工爲中心的其他組織決策機制來進行。品質圈的概念是源自私人企業關心員工在組織生涯的疏離感，管理者發現當員工有機會影響組織的決定，及表達自己在組織中的挫折時，他們會對組織忠誠，生產力會更好。

　　例如，一群社會工作者在逃家庇護所中離職，原因是因爲他們的工作時間不定，以及沒有可用在庇護治療團體上的技巧，而長期感到挫折。庇護所的管理者在例行安排專業及志願工作者的時間上，讓人覺得是徇私而不公平的。同時他們覺得所使用的團體治療的形式，也只是反映出執行長的興趣，是一個訓練一九六〇年代工作者的團體技巧，而非是最近教育團體工作者的技巧。這些團體工作者可能有較多訪談與存在治療的技巧，卻不被允許使用。

這些社會工作者開始使用品質圈相互支持每一個成員，並且指出他們如何改變工作時間的安排及團體治療的問題。他們不向執行長直接的投訴他們工作時間安排的問題，取而代之的是，他們自己設計一套員工值班系統，使每個員工有公平的機會協助機構案主及過家庭生活。這個系統與先前的方法不同，過去有人沒被排班，而現在有足夠人力滿足機構需要。接著，社會工作者小心地提出一個案主的例子來說服執行長，是該改變機構團體技巧的時機了，他們編了一份有關各種團體技巧成效的研究報告。出乎他們意料之外，執行長熱切地接受了他們對工作時間的安排及團體治療的構想。工作時間安排的部分無異的被接受了，因為管理者先前完全沒有想到可以有另一套方法，而且也沒有注意到這樣會發生問題。至於團體格式的部分，也是因為二十年來沒有任何一位社會工作師曾經建議不同的形式，執行長一直以為這個舊的形式仍然還在使用。

　　在這個例子裡，態度的改變只是由於提供新的資訊給那些在服務及做決定的人，就像是個人及家庭一樣，組織的系統需要輸入新的東西來使它成長。以員工在職訓練、員工退休會、或只是員工會議彼此交換訊息的形式，都可以帶進新知，訓練他們新技巧。改變機構中個人的行為，可能也要依賴提供正確的訊息給那些做決策的人。改變治療團體的部分是由團體工作者來做，這些工作人員並不相信那些非結構及重感受的情緒性團體形式，對鼓勵逃家者改變行為是最有效率的方式。情緒性團體用在一九九〇年代少年團體的身上是不恰當的，因為不同於一九六〇年代少年離家的理由。很多庇護所少年離家是有心理、性氾濫、高比率的失功能家庭、懷孕及幫派問題。當少年問題越來越嚴重的時候，是需要不同的團體治療技巧。

為何會抗拒改變？

在社會服務機構中要改變人的態度及行為，是沒有像上面的例子說得那麼容易。反而人們常會抗拒改變舊有的習慣，事情一旦變成例行的公式後就比較輕鬆。改變意味著要投入時間及精力，所以組織中有些人會沒有意願。

另外一個抗拒改變的原因，是因為他們把改變的建議，解釋成質疑他們不能勝任工作，這會使得執行長很容易的以這個已經實施二十年的團體方法不需要改變，來拒絕改變團體治療形式。改變實務對個人而言是個很大的投資，他必須有一個好的策略來避免引起抵制和抗拒。

個人抗拒改變是因為那威脅到他們的價值及認知(Neugeboren,1985)。例如，過去個人的離家行為一直被廣泛的接受為是個人病理的一部分，少年本身有問題，以致於無法忍受家庭中的生活。然而，就一個已處理少年離家工作近三十年的專業工作者而言，比較有可能去接受這個理論，即少年離家可能是因為對一個不能容忍的情境所做的健康反應。這個病理學不再被用在兒童身上，而是追溯個人問題到家庭上。如果機構的工作人員堅持使少年離家是因為個人病理的因素，要改變他的觀點，可能就有困難。畢竟對個人而言，改變的認知是非常有威脅性的。

強制或說服？

執行長及督導者可以強制員工去改變組織，但是直接服務的提供者並沒有權威去要求改變行為及態度。實務工作者必須從一個權力小的位置上，採用說服方式去影響改變。資訊、協

調及對抗拒改變的敏銳性是實務工作者推動改變的最佳籌碼。我們用來鼓勵案主改變的技巧用在我們的同事身上都一樣有效。

改變組織的目標、結構或程序

組織改變的第二個主要的類型，是把目標放在改變組織的目標、結構或程序。這個型態的改變更具實質性而且更不能由實務工作者獨力完成，一旦實務工作者認為一個地方需要改變或調整時，他必須與機構結構及行政體系一起努力才能達到改變。正如第四章指出的，私人與公立機構各有不同的決策及權威架構。

(一)私人機構

私人的機構有董事長，除了位階在執行長之上外，還負責組織的方向及程序。當實務工作者尋求改變時，尊重自己所在的組織之行政負責層級是明智的。第一步是先去找督導者，然後去找其他的督導者，再來找執行長，直接就去找董事會是會惹出麻煩來的。

然而，你可以在不威脅到組織的權威架構下，和董事會的成員發展良好的關係。員工常被指派在董事會的成員一起工作，在特定的範圍內，和董事會的成員發展工作關係是個好的方式。董事會的成員可以從員工處得到更多可以做決策的資訊。如果你發現傳統的權威結構在抗拒改變，則和董事會保持工作上的密切連繫，可能可以使你不必違背行政環結而傳達了溝通的訊息。

董事長接受和員工一起工作的情形因人而異。就如第四章討論的，有些董事認為他們的功能在於支持執行長的建議，有

些則扮演積極參與和訂定機構政策的角色。後者會比前者更能從員工那兒獲得新的訊息。消極的董事會可能會抗拒來自員工的回饋，並且視任何未經一定程序的意見是不適當的。

(二)公立機構

很多公立機構做與不做是決定於其法令上的要求或是政府單位要求的行動。所以組織的改變對公立機構而言是比私立機構來得複雜。我們已經討論過經由立法體系來改變政策的技術，經由遊說、發起寫信、利用公共視聽等，社會工作實務者可以在立法的體系內，直接的影響政策的決定過程。

公立機構通常有社區諮詢委員會，它雖然無法制訂政策，但可以在特定的議題上對機構有很大的影響力。和社區諮詢委員會工作是提供建議和處理改變之方便途徑，但不只對公立機構的員工，對機構外面的工作者而言，也是樂於見到如此改變運作的。

例如，州的社會服務部門制定了一些一般性救助個案的適用標準。在大的城市地區，有一群為遊民庇護所工作的社會工作者卻為此感到挫折。為了得到一般的扶助，那些個人必須要有住址，但是若沒有這筆扶助，則這些遊民又沒有錢去付租公寓的抵押費，看來似乎沒有辦法去打破遊民這樣的循環問題。社會工作師便積極地經由地方社區的諮詢委員會，為這些遊民向社會服務部門提出改變這項對居住要求的條件。最後達成的部分妥協，便是由這些遊民庇護所志願做為遊民現有的住址，來為他們申請補助，直到他們有安全的住所，才把他們的名字改到新的住址上。經由提出一個合理的改變理由來妥協的方式，工作員可以說服諮詢委員會向郡的督導董事會做改變的推薦。一份實在的報告，結合媒體向整個社區施壓，就會造成對

居住條件要求的改變。

對公立機構每日作業方式的改變，就需要正式及非正式的技術。實務工作者在機構的聲望，可能是促成改變最有力的工具。如果督導者及行政者認為這個員工忠於承諾機構的目標，則這個人對組織改變的努力，比那一群令人不滿意但要求改變的員工，有更正面的解釋力。在機構中有正面的聲望，就能夠有效的做到像 Pierce(1984)所指的組織模塑(organizational shaping)。這表示開始做一些較小但較重要的改變，比一次改變全部，對組織運作而言較不具威脅。

問題解決模式及組織改變

要舉例說明實務工作者如何才能發動組織的改變，可用問題解決的模式為例。社會工作實務者企圖去改變一個照顧失能成人之服務，用問題解決的方法對界定案主的需要是有幫助的，並且也可以用在服務的提供上。問題解決的方法也對期望組織改變的實務工作者有很大的幫助。

評估組織改變的需要

丹是希爾克斯特機構的成人發展障礙治療中心的社會工作師，他已經在希爾克斯特機構工作三年了，並且很清楚知道機構如何運作，及想看到機構有某些方面的改變。他一直關心住在機構的案主有何娛樂活動。丹的工作是在協助功能較好的成人，這些人可以學習一些簡單的事務，並且可以讀及寫。雖然大部分他的案主在機構外部有工作，但他們的娛樂時間都花在

和機構中其他居住者一起，而他們的智力都不相同。目前，有一個休閒活動治療者設計休閒活動方案，是想同時滿足高生活功能者及多重障礙者的需求。

　　高生活功能的機構案主幾乎很少參與這個活動，因爲他們覺得這個活動的設計太簡單了，好像把他們當成是小孩。目前的休閒方案似乎在較多障礙的機構案主身上執行得很好，但它不能完全滿足所有希爾克斯特機構案主的需要。結果使得丹的案主每天晚上只能坐著或看電視，而不能參與任何的休閒活動。在這個評估問題的階段中，丹基於案主的自我報告、他這位社會工作者的觀察，以及希爾克斯特機構的心理師的推薦，指出了這些案主需要更多刺激性的活動。

(一)問題定義及目標設定

　　很清楚的說，這個問題就是現行的休閒娛樂方案無法滿足機構高生活功能案主的需要。由於機構財力的限制，希爾克斯特機構的娛樂治療師湯姆先生每天只能來二個小時。由於湯姆的活動設計受到這個限制的關係，而只能滿足低生活功能者的需要，他希望高生活功能的機構案主也能從這個方案中至少獲得一些益處。湯姆拒絕去改變這個方案，因爲他覺得在這樣財力的限制下，他沒有時間，也沒有與趣去改變。

　　丹的目標是朝著爲高生活功能的案主們設計另一套不同的娛樂方案，以正視他們的休閒活動要多一些刺激的需求。丹希望看到在希爾克斯特機構的娛樂治療服務功能能擴大範圍，但他願意在機構休閒服務資源的重新分配上來妥協。丹做了一項機構最重要，也是第一次的改變——承諾去做什麼是完美的改變，如果必要的話，也去指出什麼樣的妥協是可接受的。

(二)定義資源

丹在改變的努力上已經指出問題及建立初步的目標，現在對他而言，在他去見希爾克斯特機構的執行長之前，重要的是去指認和他一起努力改變的資源，以便批准他的計劃。他指認的資源如下：

(1)現行在機構中的一個娛樂治療的方案。這場戰爭已經贏了一半，因爲希爾克斯特機構已經聘了一位娛樂治療師，顯示機構瞭解娛樂活動對機構案主的重要，以及應該盡力提供。

(2)心理師及案主都會受改變影響而有合作態度。心理師及案主同意新的娛樂活動方案是需要的，在丹去向執行長說明時，他們都會是重要的同盟。承諾一起來發展，這是推動組織改變的基本要素。

(3)丹在機構具有專業的聲望，而且與行政者的關係也不錯。社會工作師和案主的關係能幫助促進案主的改變，同樣的，工作員在機構的聲望，與行政人員方面的工作關係，以及那些接受任何對改變建議影響的人，都是促使機構改變的重要因素。

(三)決定機構能接受的改變

由於工作員是受僱於機構，所以他或她冒著機構的行政者、同事及案主會不歡迎這樣的改變的危險。如果在機構改變的早期階段沒有做好，則工作員可能會冒著被開除或被同事排斥的危險。

如果這個改變的計畫違反機構明定的目標及目的，則這個想法就不可能會被熱切的接納。同樣的，一連串威脅性較小的

改變，可能在不威脅到機構基本的正當性下，可以達到同樣的結果。

如果改變發生的話，誰是贏家，誰是輸家？如果改變的計畫被視為威脅到行政者的正當性或同事，你可以預期會有明顯的抗拒。在這個改變中，丹必須去創造一個員工、行政者及案主都雙贏的局面。

機構可以經由很多種方式來改變，所以丹必須小心的選擇他要處理的議題，如果丹只是持續的抱怨機構執行的方案，當他想去改變時，則沒有人會當真。他不想給人一個只是會一直抱怨的印象。

(四)指出障礙

就像指出我們做改變會帶來什麼好處的重要性一樣，瞭解他們會面對多少障礙，也是同樣的重要。丹也指出湯姆抗拒去擴展娛樂方案、財務的壓力、希爾克斯特機構缺乏空間去執行另一個娛樂方案，及不清楚這部份在行政中的態度等為組織改變上的障礙。

在仔細的考慮這些障礙之後，丹決定他可以試著改變湯姆的態度，如果他說服行政部門同意支付這項經費，或讓湯姆看看在同一時間架構內，同時執行一個高生活功能者及低生活功能者的方案。將娛樂的方案分開或將活動的地方帶離希爾克斯特機構，都可以克服空間的問題。現在丹必須小心的抉擇，並且發展一套面對行政的行動計畫來。

(五)探究各種選擇

丹的第一優先選擇，是為希爾克斯特機構內的高生活功能案主之需要及興趣特別設計一個方案，向行政單位尋求額外的經費。如果可能的話，這個休閒方案將包括野外旅行、露營、

運動項目及其它的社區活動。缺點是可能花費較昂貴，並且需要增加人力。

丹的第下一個選擇是去擴展希爾克斯特機構現存的休閒方案，但至於時間的分割則視機構案主的能力來決定。這個在希爾克斯特機構裡就可執行，但是要分做不同的時段。它的好處是可以利用現存的空間且花機構較少的錢，壞處是它仍是需要多一些的經費、人力及材料。

第三個抉擇是同時在同地點執行同一個方案，但方案的內容是針對二者而非單就其一。這不需要增加治療師的時間，也不用增加空間。但對丹來說這是他最後的決擇，除非前二個提案失敗，否則它不一定需要被提出。

丹小心的思考這三個可能性，在他努力的改變中，他預測了可以用的資源及可能的障礙。他也想到了在組織改變中，妥協是一定有必要的。

發展一個行動計畫

丹現在的計畫裡有三種抉擇可以和執行長及娛樂治療師湯姆討論。每個計畫都就它的得失做一詳細的計算。在丹的計畫裡，他還附上了心理師的支持及那些會參與他這個方案的機構案主的信。他現在準備去找執行長了，他將先提前二個計畫，並讓執行長及湯姆可以有空間去做討論——在倡導組織的改變上，這是很重要的一部分。

執行行動計畫

在丹和執行長及湯姆會晤的過程中，他發現機構的經費真的很拮据，所以不可能有多餘的經費增加休閒方案的人力。行

政單位是不抗拒丹的建議的，然而對於財務上的壓力卻仍不肯放手，如果丹可以找到多餘的經費及志工來幫助這個方案，執行長及湯姆願意站在一個實驗性的立場來試試這個方案。

丹的第一個動作便是去規劃一個地方俱樂部，以尋求經費及人力的援助。在發表了他幫助他的案主的想法後，他募集了一些錢可以去支付方案所需，並且說服那些俱樂部的人每個月花十個小時的時間志願協助在野外的旅行。六個月之後，這個俱樂部將考慮作另一個捐助。在看到這些發展後，執行長同意去開始這個方案，雖然湯姆還是猶豫著，他也同意在方案執行時和丹一同工作。

評估組織的改變

丹知道如果這個方案成功了，而且案主熱切的行動著，那麼執行長及湯姆雖然可能再解散這個休閒方案，但已經很困難了。他也知道讓案主參與這樣的方案是必須的，否則就如他一開始發現的，因為現存的方案很無聊，使得機構案主只看電視而並不支持。他也知道必須要增加俱樂部的時間和金錢，否則他們便會沒有意願作更多的承諾。

這些都是丹在拓展休閒方案時要持續去評估的，並在這個過程中繼續不斷改變的努力，像這樣的方式是和案主一起做的。丹可能還需要視其他社會服務機構內、外環境因素，來調整方法或方案的發展。

摘　要

　　身為一個實務工作者，我們有一個很重要的任務就是去敏察到我們案主的需要，並發起改變，經由增強他們的積極態度及技術來改變他們的生活。不管我們是在為一個掙扎於工作與家庭中的年輕媽媽，或一位糾結於健康及財力每況愈下的老人，我們都幫案主對他們自己的環境能有更強的控制力。組織是社會工作者的專業環境，就像是我們案主的環境一樣，有時候它是需要改變的。本章討論到一個實務工作者如何界定及改變政策。經由問題改變的方法來改變機構，對社會工作實務者而言，是一個自然且熟悉的技術。評估優勢及缺點、研究可能的選擇、執行一個行動計畫及持續的評估執行的成效，讓我們在組織改變上有一個邏輯概念的次序。

問題討論

1. 為什麼社會工作實務者有責任去說服組織改變？
2. 討論在改變態度及組織結構上的困難，這二者的改變在技術上有何不同？
3. 什麼是品質圈？他們是依據什麼樣的行為準則？他們適合用於社會服務機構嗎？第二級的社會工作部適用嗎？
4. 案主的抗拒和組織中成員的抗拒二者之間的相似點為何？
5. 討論問題解決模式使用在改變案主行為及組織政策時的相似

之處爲何？

建議作業

1.依循本章使用的問題解決的例子，在你的社會工作方案或在
  大學中(組織層級)發動一個改變。
2.找出在你的社區中是否有任何機構或企業使用品質圈或另一
  個增進員工參與的模式，並邀請一個代表到你的班上解說。
3.職業或工業社會工作包含幫助人們適應他們工作上的壓力及
  挑戰。面試一個社會工作者，並看看他或她如何幫助人們適
  應組織的環境。他或她會扮演一個鼓勵員工發起組織改變的
  一個角色嗎？

重要名詞與概念

組織圖　agency charter

組織改變　organizational change

組織模塑　organizational shaping

品質圈　quality circle

參考書目

ABRAMOVITZ, M. (1986). The privatization of the welfare state: A review. *Social Work, 31*(4), 257-264.

ADAMS, P. (1982). Policies and social work practice: a radical dilemma. In M. A. Mahaffey & J. Hanks (Eds.), *Practical politics: Social work and political responsibility.* Silver Spring, MD: National Association of Social Workers.

ARCHES, J. (1991). Social structure, burnout and job satisfaction. *Social Work, 36*(3), 202-207.

BALACHANDIAN, M., & BALACHANDIAN, S. (1991). *State and local statistics sources 1990-1991.* Detroit, MI: Gale Research.

BARKER, R. L. (1987). *The social work dictionary.* Silver Spring, MD: National Association of Social Workers.

BENJAMINSON, P., & ANDERSON, D. (1990). *Investigative reporting* (2nd ed.). Ames: Iowa State University Press.

BIRKBY, R. H. (1983). *The court and public policy.* Washington, DC: Congressional Quarterly.

BLUMBERG, R. L. (1987). *Organizations in contemporary society.* Englewood Cliffs, NJ: Prentice-Hall.

BRIAR, K. H. & BRIAR, S. (1982). Clinical social work and public policies. In M. A. Mahaffey & J. Hanks (Eds.), *Practical politics: Social work and political responsibility.* Silver Spring, MD: National Association of Social Workers.

BRIELAND, D., & LEMMON, J. A. (1985). *Social work and the law.* St. Paul, MN: West.

BURT, M. A. (1985). *Testing the social safety net: The impact of changes in support programs during the Reagan administration.* Washington, DC: Urban Institute Press.

CHARLES STEWART MOTT FOUNDATION (1991). *A state by state look at teenage childbearing in the United States.* Flint, MI: Author.

COMPTON, B. (1980). *Introduction to social welfare and social work.* Homewood, IL: Dorsey Press.

COMPTON, B., & GALAWAY, B. (1989). *Social work processes.* Belmont, CA: Wadsworth.

CORMAN, R. P. (1987). The realities of profitization and privatization in the non-profit sector. In B. J. Carroll, R. A. Conant, & T. A. Easton (Eds.), *Private means—public ends.* New York: Praeger.

DAFT, R. L. (1989). *Organization theory and design* (3rd ed.). St. Paul, MN: West.

DANE, B. O., & SIMON, B. L. (1991). Resident guests: social workers in host settings. *Social Work, 36*(3), 208–213.

DEMONE, H. W., JR., & GIBELMAN, M. (1987). Privatizing the acute care general hospital. In B. J. Carroll, R. A. Conant, & T. A. Easton (Eds.), *Private means—public ends.* New York: Praeger.

DEMONE, H. W., JR., & GIBELMAN, M. (1988). The future of the purchase of services. In H. W. Demone & M. Gibelman (Eds.), *Services for sale: Purchasing health and human services.* New Brunswick, NJ: Rutgers University Press.

DINITTO, D. M. (1991). *Social welfare: Politics and public policy* (3rd ed.). Englewood Clifts, NJ: Prentice-Hall.

DYE, T. R., & ZEIGLER, L. H. (1989). *American Politics in the Media Age.* Pacific Grove, CA: Brooks/Cole.

EIKIN, N. (1987). Privatization in perspective. In B. J. Carroll, R. A. Conant, & T. A. Easton (Eds.), *Private means—public ends.* New York: Praeger.

EINHORN, E. S., & LOGUE, J. (1989). *Modern welfare states: Politics and policies in social democratic Scandinavia.* New York: Praeger.

GALBRAITH, J. K. (1958). *The affluent society.* Boston: Houghton Mifflin.

GALPER, J. (1975). *The politics of social services.* Englewood Cliffs, NJ: Prentice-Hall.

HALLECK, S. (1971). *The politics of therapy.* New York: Science House.

HARRINGTON, M. (1962). *The other America.* New York: Penguin.

HARTMAN, A. (1991). Social worker-in-situation. *Social Work, 36*(3), 195–197.

HASENFELD, Y. (1983). *Human service organizations.* Englewood Cliffs, NJ: Prentice-Hall.

HASENFELD, Y., & ENGLISH, R. A. (1974). *Human service organizations.* Ann Arbor: University of Michigan Press.

HAYES, C. D. (Ed.). (1987). *Risking the future: Adolescent sexuality, pregnancy and childbearing.* Washington, DC: National Academy Press.

HAYNES, K., & MICKELSON, J. S. (1991). *Affecting change: Social workers in the political arena.* (2nd ed.). New York: Longman.

HELMS, L. B., HENKIN, A. B., & SINGLETON, C. A. (1989, June). The legal structure of policy implementation: Responsibilities of agencies and practitioners. *Social Services Review,* 180–198.

HICKSON, D., PUGH, D. C., & PHEYSEY, D. C. (1969). Operations technology and organizational structure: an empirical reappraisal. *Administrative Science Quarterly, 14*(3), 378–397.

JANSSON, B. S. (1990). *Social welfare policy: From theory to practice.* Belmont, CA: Wadsworth.

JOHNSON, L., & SCHWARTZ, C. L. (1991). *Social welfare: A response to human need.* (2nd ed.). Boston: Allyn & Bacon.

JONES, E. (1986). *Teenage pregnancy in industrialized countries.* New Haven, CT: Yale University Press.

KADUSHIN, A. (1976). *Supervision in social work.* New York: Columbia University Press.

KETTNER, P. M., & MARTIN, L. L. (1987). *Purchase of service contracting.* Newbury Park, CA: Sage.

KRAMER, R. M. (1981). *Voluntary agencies in the welfare state.* Berkeley and Los Angeles: University of California Press.

KRUSCHKE, C. R., & JACKSON, B. M. (1987). *Dictionary of Public Policy.* Santa Barbara, CA: ABC/Clio.

LAMB, H. R. (1984). *The homeless mentally ill: a task force report of the American Psychiatric Association.* Washington, DC: American Psychiatric Association.

LEIBY, J. (1978). *A history of social welfare and social work in the United States.* New York: Columbia University Press.

LEVITAN, S., & SHAPIRO, I. (1987). *Working but poor: America's contradiction.* Baltimore, MD: Johns Hopkins University Press.

LEWIS, H. (1988). Ethics and the private non-profit human service organization. In M. Reisch & A. C. Hyde (Eds.), *The future of non-profit management and the human services.* San Francisco: San Francisco State University Monograph.

LUBOVE, R. (1975). *The professional altruist.* New York: Atheneum.

MAHAFFEY, M. (1989). Lobbying and social work. In I. S. Colby (Ed.), *Social welfare policy: Perspectives, patterns, and insights.* Chicago: Dorsey Press.

MARCH, J. G., & SIMON, H. (1958). *Organizations.* New York: Wiley.

MARCUS, L. J. (1988). Processes of new organizations: a case study. *Administration in Social Work, 12*(3), 91–106.

MASON, D. E. (1984). *Voluntary non-profit enterprise management.* New York: Plenum Press.

McCUEN, G. E. (Ed.). (1988). *Children having children: Global perspectives on teenage pregnancy.* Hudson, WI: McCuen.

MOORE, K., and BURT, M. A. (1982). *Private crisis, public cost: Policy perspectives on teenage childbearing.* Washington, DC: The Urban Institute.

NATIONAL ASSOCIATION OF SOCIAL WORKERS. (1991). *Encyclopedia of social work.* New York: Author.

NEUGEBOREN, B. (1985). *Organization, policy, and practice in the human services.* New York: Longman.

OFFICE OF THE FEDERAL REGISTER, NATIONAL ARCHIVES AND RECORDS SERVICES. (1991). *The United States government manual.* Washington, DC: U.S. Government Printing Office.

PALUMBO, D. (1987). *The politics of program evaluation.* Newbury Park, CA: Sage.

PERROW, C. (1979). *Complex organizations: A critical essay.* Glenview, IL: Scott, Foresman.

PIERCE, D. (1984). *Policy for the social work practitioner.* New York: Longman.

PORTNEY, K. (1986). *Approaching public policy analysis.* Englewood Cliffs, NJ: Prentice-Hall.

PRIGMORE, C. S., & ATHERTON, C. R. (1986). *Social welfare policy: Analysis and formulation.* Lexington, MA: D. C. Heath.

QUINN, L., PAWASARAT, J., & STETZER, F. (1992). *Evaluation of the impact of the Wisconsin Learnfare experiment on the school attendance of teenagers receiving Aid to Families with Dependent Children.* Milwaukee: University of Wisconsin-Milwaukee, Employment and Training Institute.

REID, W. J. (1965). Inter-agency coordination in delinquency prevention and control. In M. N. Zald (Ed.), *Social welfare institutions.* New York: Wiley.

REIN, M. (1983). *From policy to practice.* Armonk, NY: M. E. Sharpe.

REISCH, M. (1990). Organizational structure and client advocacy: Lessons from the 1980s. *Social Work, 35*(1), 73–74.

RESNICK, H., & PATTI, R. J. (1980). *Change from within: Humanizing social welfare organizations.* Philadelphia: Temple University Press.

RUBIN, E. R. (1986). *The Supreme Court and the American family: Ideology and issues.* New York: Greenwood Press.

RUTMAN, L. (1977). *Evaluation research methods.* Beverly Hills, CA: Sage.

RYAN, W. (1976). *Blaming the victim.* New York: Vantage Books.

RYSTROM, K. (1983). *The why, who and how of the editorial page.* New York: Random House.

SHILTS, R. (1987). *And the band played on: Politics, people and the AIDS epidemic.* New York: St. Martins Press.

SMITH, C. E. (1991). *Courts and the poor*. Chicago: Nelson-Hall.

STOECZ, D. (1988). Human service corporations and the welfare state. *Society, 25,* 53–58.

TRIPODI, T. (1983). *Evaluation research for social workers*. Englewood Cliffs, NJ: Prentice-Hall.

UNITED STATES DEPARTMENT OF COMMERCE. (1991). *Bureau of the Census catalog and guide*. Washington, DC: U.S. Government Printing Office.

UNITED STATES DEPARTMENT OF COMMERCE, BUREAU OF THE CENSUS. (1972). *County and city data book*. Washington, DC: U.S. Government Printing Office.

UNITED STATES DEPARTMENT OF COMMERCE, BUREAU OF THE CENSUS. (1973). *Congressional district data book*. Washington, DC: U.S. Government Printing Office.

UNITED STATES DEPARTMENT OF COMMERCE, BUREAU OF THE CENSUS. (1991). *Statistical abstract of the United States* (111th ed.). Washington, DC: U.S. Government Printing Office.

UNITED STATES DEPARTMENT OF HEALTH AND HUMAN SERVICES, OFFICE OF RESEARCH AND STATISTICS. (1989). *Social security programs throughout the world 1989*. (Research Report No. 62). Washington, DC: U.S. Government Printing Office.

VINOVSKIS, M. A. (1988). *An "epidemic" of adolescent pregnancy? Some historical and policy considerations*. New York: Oxford University Press.

WALLENDORF, M. (1979). Understanding the client as consumer. In G. Zaltman (Ed.), *Management principles for nonprofit agencies and organizations*. New York: American Management Association.

WALLER, D. (1989). *Learnfare teen school requirement: A summary*. Madison: Wisconsin Department of Health and Human Services.

WEINBACH, R. W. (1990). *The social worker as manager*. New York: Longman.

WHITLEY, J. W., & SKALL, G. P. (1988). *The broadcasters survival guide: a handbook of FCC rules and regulations for radio and TV stations*. New York: Scripps Howard Books.

WILENSKY, H. L., & LEBEAUX, C. N. (1965). *Industrial society and social welfare*. New York: Free Press.

WILSON, J. A. (1979). Management of mental health in nonprofit organizations. In *Management principles for nonprofit agencies and organizations*. New York: American Management Association.

社工叢書 3

整合社會福利政策與社會工作實務

作　　者／ Kathleen McInnis-Dittrich

譯　　者／ 胡慧嫈

出 版 者／ 揚智文化事業股份有限公司

發 行 人／ 葉忠賢

總 編 輯／ 孟　樊

責任編輯／ 賴筱彌

登 記 證／ 局版北市業字第 1117 號

地　　址／ 台北市新生南路 3 段 88 號 5 樓之 6

電　　話／ (02)2366-0309　　2366-0313

傳　　眞／ (02)2366-0310

郵政劃撥／ 14534976

印　　刷／ 偉勵彩色印刷股份有限公司

法律顧問／ 北辰著作權事務所　蕭雄淋律師

初版二刷／ 1999 年 8 月

定　　價／ 新臺幣 250 元

I S B N：957-8446-42-X

E-Mail：tn605547@ms6.tisnet.net.tw

網　　址：http://www.ycrc.com.tw

國家圖書館出版品預行編目資料

整合社會福利政策與社會工作實務 / Kathleen
　McInnis-Dittrich 原著; 胡慧嫈等譯.
　　──初版. ──臺北市：揚智文化, 1997 [民 86]
　　面 ；　公分. ── （社會社工叢書;3）
　　　參考書目:面
　　　譯自:Intergrating social welfare policy & social
　　　　work practice
　　　ISBN 957-8446-42-X（平裝）
　　　1. 社會福利 － 政策　2. 社會工作

　　547.1　　　　　　　　　　　　　86011132